KB261821

# 삼성반도체와 백혈병

**박일환 · 반올림** 지음

삼성이 버린 또 하나의 가족

# 삼성반도체와 백혈병

삶이 보이는 창

　'손바닥으로 하늘을 가릴 수 없다'는 말이 있다. 그럼에도 세상에는 손바닥으로 하늘을 가리려는 어리석은 자들이 있다. 하늘만 가리려는 게 아니라 사람들의 눈을 가리고 귀를 막으려 애쓰는 못된 자들도 있다. 하지만 반대로 언젠가는 밝혀질 진실을 위해 뛰어다니는 사람들도 있다. 여기 가서 소리치고 저기 가서 손짓하며 숨겨진 진실을 세상에 알리려 한다. 아직 제대로 된 응답은 돌아오지 않고 있지만 진실을 향한 고된 발길을 멈추지 않을 것이다. 손바닥으로 하늘을 가릴 수 없다는 말을 믿기에. 언젠가는 모든 사람들이 하늘을 올려다보며 진실에 눈을 뜨게 될 것을 굳게 믿기에.

　삼성반도체 노동자들이 백혈병으로 죽었고, 지금도 죽어가고 있다는 것은 엄연히 존재하는 현실이다. 그러한 현실을 아무 일도 아니라는 듯이 외면하고 덮어버릴 수 있겠는가! 그렇다면 그것은 죄악이라는 말로밖에 설명할 수 없다. 그러므로 삼성반도체 공장에서 집단으로 발병한 백혈병 환자들에 대한 진실을 밝히는 것은 피해 당사자와 (유)

가족들에 대해 마땅히 갖추어야 할 예의인 동시에 진실을 덮으려는 자들로 하여금 자신들의 죄악을 뉘우치게 하는 일이다. 삼성반도체와 노동부, 근로복지공단, 한국산업안 전보건공단은 지금이라도 진실 앞에 머리 숙이고 자신들의 죄를 고백해야 한다. 그것만이 더 커다란 죄악을 짓지 않는 일이다.

하나씩 진실이 밝혀지고 있지만 아직 싸움은 끝나지 않았다. 아니 쉽게 끝날 수 없을 것이다. 삼성반도체만의 문제가 아니라 전체 반도체 노동자들의 건강권과 인권을 실현하기 위한 싸움이기 때문이다. 나아가 모든 노동자들이 스스로 존엄성을 지킬 수 있고 인간다운 권리를 누리며 살 수 있는 세상을 만들기 위한 싸움이기 때문이다. 이 작은 책이 그러한 길로 가는 길에 작은 징검다리가 되었으면 한다.

반도체 공장에서 일하다 백혈병을 비롯한 각종 암에 걸려 세상을 떠나야 했던 노동자들과 지금도 투병 중인 노동

자들에게 이 책을 바친다. 더불어 (유)가족들에게 작은 위
로와 희망의 손길이 될 수 있기를 바란다.


2009년 12월

**박일환 · 반올림**

# 차례

1~3라인에서만
명 발생!!
는 증거가 없다면
인해야합니다!
노동

# 1 들어가며

2009년 4월 30일에 한국산업안전보건공단(이사장 노민기) 본부에서 노·사·정 및 관련 기관 관계자들이 참석한 가운데 '산업안전보건 서울선언 기념관' 개관식을 개최했다. 이 기념관은 지난해인 2008년 6월 29일 국제노동기구(ILO), 국제사회보장협회(ISSA), 한국산업안전보건공단(KOSHA)이 서울에서 공동으로 개최한 제18회 세계산업안전보건대회를 성공적으로 치른 것을 기념하고, 이 대회에서 채택한 '산업안전보건에 관한 서울선언서'의 취지를 확산시키기 위한 목적으로 건립됐다.

서울선언서에는 "전 세계에서 직업과 관련된 재해와 질병으로 연간 230만여 명이 사망하고, 이로 인한 경제적 손실이 세계 총생산의 4%에 이르는 심각한 상황이다. 산업안전보건을 개선하면 작업 조건, 생산성, 경제와 사회에 긍정적인 영향을 미친다. 안전하고 쾌적한 작업환경에서 일할 권리는 근로자의 기본적인 인권이며, 세계화는 반드시 근로자의 안전보건을 보장하기 위한 예방 대책과 같이 진행한다"와 같은 내용이 담겨 있다. 또한 산업안전을 위해 국가와 사업주, 근로자가 노력해야 할 사항들을 권고하고 있다. 선언서의 내용 자체는 나무랄 데 없지만, 그 내용이 산업 현장에서 노동자들의 건강권을 지키는 데 얼마나 도움이 되고 있는지는 의문이다.

구체적인 사례가 바로 삼성반도체 공장에서 일하다 백혈병에 걸린 노동자들에 대한 처리 문제에서 그대로 드러나고 있다. '산업안전 올림픽'이라 불리는 세계산업안전보건대회 마지막 날인 2008년 7월 2일, 대회가 열리는 서울 삼성동 코엑스 한쪽 구석에서는 '삼성반도체 집단 백혈병 산업재해 인정 및 정부의 제대로 된 조사와 책임을 촉구'하는 기자회견이 열렸다. 또한 기념관 설립 일주일 전인 4월 22일부터 '삼성반도체에서 일하다 백혈병에 걸린 노동자들의 산업재해 인정을 촉구'하는 농성이 근로복지공단 앞에서 벌어지고 있었다.

근로복지공단은 산업재해 여부의 자체 판단이 어렵다며 한국산업안전보건공단에 역학조사를 의뢰했고, 한국산업안전보건공단은 역학조사 결과를 근로복지공단에 보고했으나 구체적인 내용은 공개하지 않았다. 산업재해 예방과 공정한 결과 처리에 앞장서야 할 두 기관이 노동자들보다 재벌 기업의 눈치를 보고 있다는 비판을 듣게 된 까닭이다.

결국 근로복지공단은 한국산업안전보건공단의 역학조사 결과가 모호하다는 이유로 자문의협의회를 구성해서 최종 판단을 내리겠다고 했으며, 2009년 5월 15일에 산업재해 불승인 처분을 내렸다. 피해 당사자들은 예견된 결과 앞에 허탈감과 분노를 감추지 못했고, 근로복지공단의 산업재해 불승인 처분 결과를 받아들일 수 없다며 근로복지공단에 심사청구서를 제출했다.

삼성반도체 기흥공장에서 일하다 2007년 3월 6일에 황유미 씨가 백혈병으로 사망한 것을 계기로 삼성반도체와 백혈병의 연관 문제가 불거지기 시작했다. '반도체 노동자의 건강과 인권 지킴이, 반올림'에서는 자체 조사 결과를 바탕으로 삼성반도체 공장에서 일하다 백혈병이나 림프종 등에 걸려 사망하거나 투병 중인 노동자들이 20명이 넘는다고 주장하고 있다. 하지만 삼성에서는 백혈병 발병 환자 수에 대해 일부만 인정하고 있으며, 그것도 업무와 관련 없는 개인적인 질병이라는 입장을 내세우고 있다. 양쪽의 주장에 대해 근로복지공단은 삼성의 손을 들어주었다. 하지만 피해 당사자들은 받아들일 수 없다며 끝까지 진실을 밝히겠다는 각오를 다지고 있다.

세계 초일류 그룹이라는 삼성, 그리고 한국 경제를 떠받치고 나아가는 중심축으로 자리 잡은 삼성전자의 반도체 공장에서 대체 어떤 일이 벌어지고 있었던 것일까?

삼성은 누구나 다 아는 우리나라 최대의 재벌 기업이다. 그중에서도 삼성전자는 우리 경제를 이끌어가는 견인차 역할을 하고 있다. 세계 반도체업계의 메모리 분야 등에서

줄곧 1위를 달리는 등 누구도 넘볼 수 없는 반도체업계의 세계 최강자 자리를 지키고 있다. 삼성전자의 주가는 가장 비싼 값으로 거래되고, 삼성전자가 무너지면 마치 우리나라 경제가 무너질 것처럼 선전되고 있다. 그러한 부추김과 자신들만의 자부심은 삼성이 국가권력보다 더 커다란 권력을 행사하고 있는 것으로 보여지기에 충분하다. 경영권을 편법으로 세습하고 무노조 경영을 이어가도 그것을 제지할 만한 집단이 존재하지 않는다. 그러다 보니 삼성이 쌓아 올린 경영 성과에 대한 찬탄 못지않게 그 뒤에 가려진 불법과 비리에 대한 원성 또한 끊이지 않는다. 이제 우리는 삼성의 영광 뒤에 가려진 또 하나의 불편한 진실 앞에 서는 것을 두려워하지 말아야 한다.

　삼성전자는 1997년부터 지금까지 '또 하나의 가족' 이라는 주제의 광고 캠페인을 이어오고 있다.

　삼성전자는 고객 곁으로 더 가까이 가고 싶었습니다.
편안한 친구, 따뜻한 가족이 되고 싶었습니다.
늘 고객과 함께 생활하는 삼성전자 제품들, 그 첨단 기술은 우리 생활을 더 편리하고 풍요롭게 가꾸어주고 있습니다. 삼성전자는 한걸음 더 나아가야 한다고 생각합니다. 마음까지 나눌 수 있는 또 하나의 가족이 되어야 한다고 생각했습니다.

　－ 삼성전자 홈페이지, 광고 설명 중에서

삼성이 말하는 '또 하나의 가족' 은 바로 고객이다. 아무리 살펴봐도 거기에 제품을 생산하는 노동자는 포함되어 있지 않다. 제품을 팔아주는 고객도 소중하지만 피땀 흘려가며 제품을 생산해내는 노동자들도 소중하다는 마음을 가져야 당연한 게 아니냐는 항변 앞에 삼성은 어떤 답을 내놓을 수 있을 것인가? 고객과는 마음을 나누어도 노동자들과는 마음을 나누지 않는 비정한 기업이라는 비난을 언제까지 감수할 것인가? 자신들을 '삼성이 버린 또 하나의 가족' 이라고 지칭하는 삼성반도체 백혈병 집단 발병자들의 호소가 대답 없는 메아리로 끝난다면 '희망' 이라는 낱말을 사전에서 지워야 할지도 모른다.

# 2 황유미 씨의 죽음이 남긴 것

## 1) 황유미 씨의 죽음

### ① 삼성반도체 입사와 백혈병 발병

2007년 3월 6일, 강원도 속초에서 나고 자란 황유미 씨가 스물셋의 나이로 세상을 떠났다. 동해의 푸른 물결을 보며 자랐고, 속초상고를 다닐 때는 여느 학생과 마찬가지로 꿈 많은 소녀였으며, 3년 개근상을 탈 정도로 건강하고 성실한 학생이었던 그가 사회로 나온 지 몇 년 되지 않아 백혈병이라는 무서운 병에 걸릴 줄은 누구도 짐작하지 못했다.

졸업을 앞둔 황유미 씨는 어려운 집안 환경을 생각해서 취직을 하기로 했고, 학교의 추천으로 2003년 10월에 동기생 10여 명과 함께 삼성반도체 기흥공장에 입사했다. 그곳은 '산업의 쌀'이라고 불리는, 전자제품에 필요한 '반도체'를 생산하는 공장이었다. 아버지 황상기 씨는 먼 곳으로 일하러 떠나는 딸을 위해 직접 시외버스 터미널까지 나와 수원행 버스표를 끊어주었고, 황유미 씨는 자신이 돈을 벌어 남동생을 대학에 보내겠다는 부푼 꿈을 안고 친구들과 함께 버스에 올랐다. 수원으로 떠나며 황유미 씨는 무척 기뻐했다고 한다. 예나 지금이나 취업을 앞둔 젊은이들 사이에서 가장 일하고 싶어 하는 기업으로 손꼽히는 삼성이 아니던가. 취업도 취업이지만 우리나라에서 가장 알아준다는 삼성에 입사했다는 사실만으로도 황유미 씨의 가슴은 뛰었을 것이다.

하지만 입사한 지 불과 2년이 채 안 된 2005년 5월경부터 황유미 씨의 몸에 이상 증세가 나타나기 시작했다.

"몸에 멍이 자주 들었고요. 먹으면 토했어요. 또 아주 피로했고 어지럽고 그래서 친구가 병원에 가보자 해서 병원에 갔는데 피가 이상하다고, 큰 병원을 가보래요. 그래서 큰 병원에 갔더니 백혈병인 거 같다고. 그때 엄청 울었고……."

항암 치료 때문에 고운 머리카락이 다 빠지고 몸피도 부쩍 줄어든 상태로 병상에서 지내던 황유미 씨가 생전에 들려주던 말이다.

속초에 있는 어머니에게 전화를 걸어 증세를 호소할 때만 해도 큰 병이라고는 생각하지 못했다. 그래서 약을 사먹거나 손끝을 따보라고 했을 뿐이다. 하지만 증세는 점점 심해졌고, 회사 근처에 있는 작은 병원을 거쳐 수원에 있는 아주대학교병원에 가서야 '급성골수성백혈병'이라는 진단을 받았다. 외가와 친가, 모든 친척 중에 백혈병에 걸린 사람은 한 사람도 없었다. 황유미 씨의 아버지 황상기 씨는 자신의 딸이 어떻게 그런 병에 걸렸는지 도무지 이해할 수 없었다.

황유미 씨는 바로 휴직을 하고 치료를 받았으며, 2005년 12월에는 골수이식 수술도 받았다. 2006년 9월에 휴직 기간이 끝났으나 복직을 할 만큼 몸이 회복되지 않았다.

### ② 백혈병 재발과 죽음

2006년 10월 초에 회사 사람들이 찾아와서 사직서를 써야 한다고 했다. 황상기 씨는 먼저 산업재해(이하 산재) 처리를 해 달라고 했다. 그랬더니 회사 사람은 "아버님이 이 큰 회사를 상대로 해서 이길 수 있으면 한번 이겨보세요"라고 했다. 도무지 말이 되지 않는 소리였다. 황상기 씨가 "이 큰 회사를 어떻게 이기느냐, 못 이긴다"고 했더니 회사 사람은 산재 말고 다른 걸 요구하라고 했다. 그래서 "이제까지 들어간 병원비를 물어내라"고 했더니 "사직서를 쓰면 다 물어준다"고 하기에 사직서를 썼다. 회사의 요구대로 내용 없는 백지에 이름과 주민등록번호만 쓰라고 해서 아픈 몸의 황유미 씨는 그렇게 백지 사직서를 써주었다. 그날 황상기 씨는 친구를 통해 얻은 크고 굵은 자연산 송이를 회사 사람들에게 선물로 주었다. 그러나 사직서를 쓰고 회사 사람들이 돌아간 며칠 뒤 황유미 씨의 눈빛이 이상해져서 병원에 갔더니 불행히도 병이 재발했다고 했다.

재발하고 나서 얼마 되지 않은 2006년 11월 말경 회사 사람들이 황유미 씨가 입원해 있는 병원으로 찾아왔다. 현금 500만 원을 가지고 와서 "이것밖에 없으니 이것으로 끝내자"고 했다. 병원비와 기타 경비로 들어간 돈은 약 8000만 원 정도였다. 병이 재발하기 이전에 먼저 회사 보험과 사내 모금 등으로 모은 4000만 원을 받았고, 회사에서 요구한 사직서를 쓰면서 나머지 치료비 4000만 원을 받기로 했으나 500만 원으로 끝내자고 한 것이다.

2007년 1월 말경에도 회사 사람들이 찾아왔다. 속초 집 근처 다방에서 만나자고 해서 나갔는데, 지난번에 온 사람들 말고도 ○○○ 차장이라는 좀 높은 직책의 사람도 함께 왔다. 회사에서는 황유미 씨의 병이 개인 질병이라고 했고, 황상기 씨는 산재 처리를 해 달라며 싸우다가 도저히 말이 통하지 않아 그 자리에서 나왔다. 그 이후에도 황상기 씨는 여러 차례에 걸쳐 산재 처리를 해 달라고 회사 사람들과 전화로 말다툼을 했다.

그러던 중 끝내 병마를 이겨내지 못한 황유미 씨는 막 새봄이 시작되던 2007년 3월 6일에 세상을 떠났다. 그날도 새벽부터 황상기 씨의 차로 속초에서 출발해 수원까지 가서 치료를 받고 돌아오던 중이었다. 이천쯤 왔을 때 황유미 씨가 차 안이 덥다고 해서 찬바람이 나오게 했더니 잠시 후에는 춥다고 했다. 그러다가 횡성쯤 왔을 때 황유미 씨는 창백한 얼굴로 가쁜 숨을 몰아쉬고 있었다. 황상기 씨가 황급하게 차를 세웠을 때는 이미 마지막 숨이 넘어가고 있는

중이었다. 그렇게 속초로 돌아오던 차 안에서 조용히 숨을
거두어야 했던 스물셋의 꽃다운 영혼! 겨우내 말라붙어 있
던 나뭇가지마다 꽃망울을 터뜨릴 준비를 하며 감았던 눈
을 뜨고 있는데, 황유미 씨에게는 그 봄이 영원으로 가는
길목이었던 셈이다.

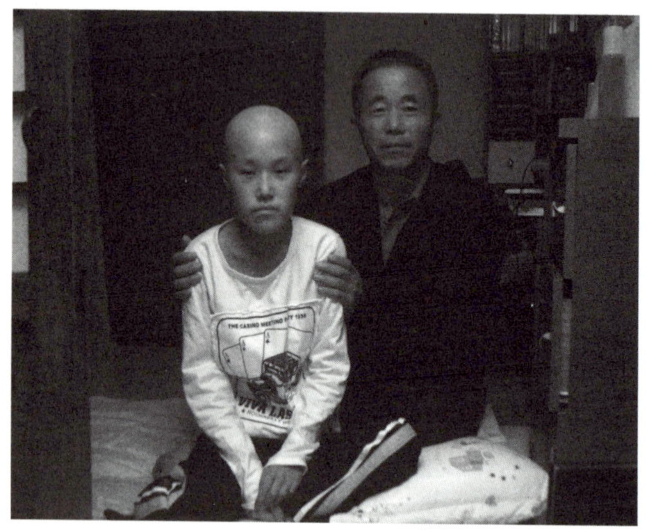

고 황유미 씨와 아버지 황상기 씨

③ 삼성의 책임 회피

황상기 씨는 어떻게든 딸의 병을 낫게 해주고 싶었다. 객지에서 직장 생활을 하는 동안 한 달에 한두 번씩 집에 들렀고, 그때마다 집안 청소도 하고 월급 탄 돈으로 동생과 엄마의 옷을 사주곤 하던 착한 딸이었다. 그런 딸이 죽어가는 모습을 맥없이 지켜보고만 있을 수는 없었다.

하지만 택시 운전을 하던 그의 수입으로는 딸의 치료비를 대기가 벅찼고, 딸의 치료와 간호 때문에 일을 하는 날이 줄어들면서 생활 자체가 힘들어지기 시작했다. 속초에서 아주대학교병원까지 통원 치료를 다닐 때면 새벽 4시에 집에서 나와야 했다. 게다가 온천물로 매일 목욕을 시키고, 세균 감염을 막기 위해 수저며 그릇들을 뜨거운 물에 삶아서 소독을 해야 하는 등 딸을 간호하는 동안은 거의 일을 할 수가 없었다. 결국 낡은 집을 헐고 새 집을 지으려던 계획도 포기해야 했고, 평생 모아둔 재산을 치료비로 쏟아 부으면서 점점 가세가 기울기 시작했다. 설상가상으로 손녀의 병을 걱정하던 할머니가 돌아가시고, 황유미 씨의 어머니는 충격으로 신경정신과 치료까지 받아야 했다.

앞에서도 이야기했듯이 회사에서 몇 차례 찾아와 치료비 등에 대한 이야기를 했다. 처음에는 대한민국 최대의 기업이라는 삼성이 마땅히 취해야 할 책임감에 기대를 갖기도 했으나 그러한 기대는 얼마 안 돼 분노로 바뀌고 말았다. 황상기 씨는 번번이 산재 처리를 해 달라고 회사에 요구했지만 그때마다 거절당했고 사직서의 대가로 치료비 전액을 받기로 했지만 황유미 씨가 사망하자 회사는 그마 저도 외면했다.

처음에 회사 사람들이 찾아왔을 때는 그냥 눈물만 나오 고 경황이 없어서 아무런 말도 못했다. 회사 사람들은 속초 까지 찾아와 모든 치료비는 물론 보상금까지 줄 테니 걱정 하지 말라고 했다. 황유미 씨가 죽은 뒤에도 장례식장까지 찾아와서 같은 말을 했다. 하지만 장례를 치른 이후 회사 측의 태도는 돌변했다. 황유미 씨의 죽음은 개인적 질병에 의한 것이므로 회사는 아무런 책임이 없다며 발을 빼기 시 작한 것이다. 장례를 치르고 얼마 되지 않은 2007년 3월 15일, 회사 사람들이 속초 바닷가 어느 횟집에서 만나자고 했다. 이때도 황상기 씨는 산재 처리를 요구했으나 회사 사 람들은 "유미는 개인적 질병이지 산재가 아니니 아버님 마 음대로 하세요"라고 해서 그 자리를 박차고 나왔다.

재발되기 이전에 받은 4000만 원도 회사에서 직접 주는 돈이 아니라 회사 직원들이 성금을 모아서 주는 식으로 처 리했다. 회사의 책임을 피해 가겠다는 의도를 그대로 드러 낸 것이다. 이런 태도는 나중에 삼성반도체 온양공장에서 일하다 백혈병에 걸린 박지연 씨 가족에게 대한 것과 똑같 다. 박지연 씨 가족에게도 치료비는 물론 집까지 고쳐주겠 다고 했다가 산재 신청을 하자 없던 일로 하고 퇴사를 권고 했다.

## 2) 황상기 씨의 주장

### ① 발암물질 노출

황상기 씨는 딸의 죽음이 직업병에 의한 산재임을 확신했다. 백혈병은 유전에 의한 것이 아니면 환경요인에 의해 발생하는 병이다. 그런데 자신의 집안에는 백혈병은 물론 혈액과 관련한 질병을 앓았던 사람이 없다. 고3 때 취업해서 공장과 회사 기숙사만을 왔다 갔다 했던 딸이다. 그렇다면 공장에서 일을 하다 얻은 병이라는 것 말고 다른 경우를 어떻게 상상할 수 있겠는가. 이런 생각에 확신을 갖게 된 것은 아주대학교병원에 입원해 있을 때, 같은 공장에서 엔지니어로 일하던 황민웅 씨가 백혈병으로 치료를 받고 있다는 사실을 알게 되면서였다. 뿐만 아니라 황유미 씨와 같은 라인에서 2인 1조로 일을 하던 최○○ 씨가 임신했다 유산이 되는 바람에 회사를 그만두었고, 그 자리에 새로 배치된 이숙영 씨가 백혈병에 걸려 사망했다는 사실도 알게 되었다. 2인 1조로 일하는 현장에서 함께 일한 황유미 씨와 이숙영 씨가 둘 다 비슷한 시기에 백혈병이라는 희귀병으로 사망했다는 것, 황유미 씨는 화학물질이 여러 개 담긴 수조 앞에서 수동으로 세척 작업을 했다는 것. 이런 정황들로 미루어볼 때 황유미 씨가 공장에서 일을 하는 동안 발암물질에 노출되었을 거라는 게 황상기 씨의 주장이다.

황유미 씨는 기흥공장에서 디퓨전(diffusion) 공정 및 세척(Wet Clean) 공정을 담당했다. 디퓨전 공정은 불산(HF), 이온화수(DI), 과산화수소, 황산암모늄 등의 혼합액에 반도체의 원판인 웨이퍼를 수작업으로 담갔다 뺐다를 반복하면서 웨이퍼에 입힌 막질을 세척하는 작업인데 기계 한 대에 두 사람씩 붙어서 일을 했다고 한다. 작업을 하는 동안 방독 기능이 없는 천 마스크를 착용했으며, 전면형 고글은 턱 쪽이 들리는 형태로 유해물질에 쉽게 노출되었을 것으로 짐작된다. 황유미 씨가 작업하던 공정의 국소배기장치는 작업자의 위쪽에 설치되어 있어서 작업을 할 때 팔과 얼굴이 유해물질과 국소배기장치 가운데 위치하게 된다. 즉, 국소배기장치의 흡기 능력이 오히려 유해물질의 노출 정도를 배가시킨 것이며, 그에 따라 노출 수준이 굉장히 높았을 것이라는 게 황상기 씨와 대책위원회인 반올림의 판단이다.

또 클린 룸(Clean Room) 실내 공기는 순환공조로 인한 급속 확산 때문에 냄새 발생시 60초 이내에 확산될 수 있으므로 황유미 씨가 직접 취급한 화학물질들 이외에도 다른 공정에서 사용한 화학물질들 중 잠재적 백혈병 원인물질에 노출되었을 가능성이 있다. 직접 취급하지 않았다고 하더라도 전리방사선을 방출하는 장비(이온 임플란터) 주위를 포함한 작업장의 여러 장소를 바쁘게 이동하면서 작업해야 했기 때문에 백혈병을 유발하기에 충분한 정도의 화학물질과 전리방사선에 노출되었을 것이라는 주장이다.

② 싸움의 시작

  같은 병원에서 백혈병 치료를 받은 노동자들 가운데 가장 먼저 숨진 황민웅 씨에 이어 이숙영 씨와 황유미 씨 두 사람도 치료를 받던 중 모두 숨졌다. 이런 일들이 결코 우연일 수는 없다는 데에 생각이 미치자 황상기 씨는 반드시 딸의 발병 원인을 밝혀내야겠다는 다짐을 하게 된다. 골수이식 수술에도 불구하고 황유미 씨의 병이 재발했을 때 황상기 씨는 딸에게 약속했다. 산재로 인한 병이라는 걸 꼭 밝혀내겠다고. 그렇게 해서 딸의 억울함을 풀어주겠다고.

  황유미 씨를 담당했던 아주대학교병원 박○○ 교수(종양혈액내과)는 소견서에서 "본 급성백혈병은 그 원인을 정확하게 알 수는 없지만, 본 환자에서처럼 장기간의 화학물질 노출이 그 발병에 일정 부분 기여하였을 가능성을 배제할 수 없다"라고 밝혔다. 하지만 회사 측은 백혈병 발병과 작업환경은 무관하다는 입장을 밝혔다. 백혈병을 일으키는 대표적인 물질로 알려진 벤젠과 같은 물질을 쓰지 않으며, 내부 환기가 완벽하기 때문에 유해물질을 흡입할 수 없는 조건이라는 것이다. 또한 유해물질을 법적 기준치 이하로 철저히 관리하고 있기 때문에 전혀 문제가 될 것이 없다고도 했다. 이에 대해 한국노동안전보건연구소의 공유정옥 상임연구원(산업보건의)은 "문제의 공정에서 사용되는 화학물질과 백혈병 발병 원인에 대해 아직까지 밝혀지지 않았을 뿐"이라며 "같은 라인에서 똑같은 일을 하던 2명의 노동자가 비슷한 시기에 백혈병으로 사망했다는 것만으로도 인과관계가 성립될 수 있다"는 입장을 밝혔다.

황상기 씨는 회사 측의 회유를 뿌리치고 2007년 6월 1일, 근로복지공단 평택지사에 산업재해보상보험 유족급여를 신청했다. 이때부터 거대 기업 삼성을 상대로 한 지난한 싸움이 본격적으로 시작되었다.

그리고 2008년 3월 6일, 태평로에 있는 삼성본관 앞에서 고 황유미 씨의 1주기 추모제가 열렸다. 그 자리에서 추모시를 낭독한 송경동 시인은 황유미 씨를 '이건희보다 위대했던 한 소녀'라며 다음과 같이 말했다.

그의 죽음을 통해, 처음으로 13개 반도체 대공장들에 역학조사가 실시되고 있다. 수십만 명의 반도체 공장에서 일한 노동자들에 대한 건강실태 역학조사가 실시되고 있다. 당연히 문제가 터지기 전에 그 일을 했어야 할 한국산업안전보건공단도 이전에 생각지 않았고, 근로복지공단도 이전에 생각지 않았고, 노동부도 이전에 생각지 않았던 일을 그가 죽음으로써 했다.

이제 모든 반도체 공장, 모든 화공약품 사용 공장은 그 일을 하는 노동자들의 건강 역시 조금은 생각해야 할 것이다. 하나의 물질을 쓰더라도 더 조심할 것이다. 이렇게 한국산업안전보건공단도, 근로복지공단도, 노동부도 해주지 않았던 일을 그가 해주었다.

그런데 그런 위대한 일을 하고 간 그에게 이 사회는 참 너무하고, 예의 없다. 수십만 명, 세계적으로 따지자면 수억 명에 이를 반도체와 화공약품 사용 사업장 노동자들의 건강이 되어준 그에게, 이 나라는 산재 보상 하나 해줄 수 없다 한다. 수십만 명의 좀 더 쾌적한 환경과 건강보다 이건희라는 사주 하나, 그 일가 몇 명. 그들이 입을 손익 얼마가 더 중요하다는 이야기 말고 무엇이겠는가?

– 송경동, 「위대했던 한 소녀에게」, 프레시안

# 산업보건 관련 기관 I

　근로복지공단의 주된 역할은 산재보험과 고용보험의 관리다. 근로복지의 제공 및 임금채권 보장 사업과 실직 근로자의 경제활동과 생활, 가계 안정을 위한 사업도 진행하고 있다. 1987년에 설립된 **한국산업안전보건공단**은 주로 산업재해 예방과 산업안전 관련 일을 담당하고 있으며, 산하기관으로 산업안전보건연구원이 있다.

　노동자들의 건강과 안전을 책임져야 할 두 기관은 많은 문제점을 안고 있다. 근로복지공단은 산재요양기관의 질을 높이고, 이들을 감시·지도하는 역할을 해야 함에도 산재 노동자가 제대로 치료받을 권리를 축소함으로써 사업주의 부담을 완화하고 있다. 또한 한국산업안전보건공단이 삼성반도체에 대해 역학조사를 할 때 피해자들은 역학조사의 근거와 과정, 결과에 대해 사전에 알 권리가 있지만 그동안 한국산업안전보건공단이 무슨 조사를 어떻게 했는지 아무것도 알 수 없었다.

　산하기관인 이들을 책임져야 할 **노동부**도 다르지 않다. 노동부는 산재 취약 사업장을 제대로 관리·감독하지 않았다. 실례로 한 사업장에서 무려 200여 개의 위법 사실이 드러났지만 노동부에서 물린 벌금은 고작 9만 원에 불과한 경우도 있었다.

　이러한 사례들은 노동부와 근로복지공단, 한국산업안전보건공단이 합심해 대기업과 사업주들의 편에 서 있다는 반증이다.

# 3 반도체 공장에서는 무슨 일이 있었나?

## 1) 클린 룸의 진실

삼성전자 기흥공장은 반도체를 생산하는 곳이다. 삼성의 반도체 사업은 1974년 한국반도체㈜ 인수와 함께 시작되었으며, 초기에는 주로 LED 시계, 아날로그 시계, 텔레비전, 오디오 및 전자레인지와 같은 소비자용 제품에 들어가는 집적회로(IC) 및 부품을 개발하여 대량생산했다. 그러다 1983년 64Kb DRAM의 개발에 성공하면서 시장을 선도하는 반도체 제조업체로 발전하기 시작했으며, 이어서 1984년 기흥에 삼성 최초의 반도체 복합 단지와 가공 시설이 문을 열었다.

반도체산업은 흔히 '굴뚝 없는 산업'이라고 불리며, 환경오염이 없는 깨끗한 산업으로 알려져 있다. 삼성전자 반도체 홈페이지에 들어가면 '녹색경영'을 표방하며 다음과 같은 모토를 내걸고 있다.

삼성전자 반도체는 지속 가능한 성장을 위해 국내외

관련 법규는 물론이고 기업 활동의 전 과정에서 유발되는 환경 영향을 최소화하기 위해 녹색경영을 적극 추진하고 있습니다. 제품의 개발 단계에서는 저전력, 유해물질-free 등 친환경 제품을 개발하고, 원·부자재 구매 시에는 유해물질이 없는 친환경 원·부자재를 구매하며, 제조 단계에서는 온실가스 배출량을 최소화한 공정을 적용하고 어쩔 수 없이 배출되는 온실가스는 배출량을 최소화하기 위한 최신의 처리 시설을 도입하고 있습니다.

이러한 노력의 성과로 2001년부터 2008년까지 약 620만 톤의 이산화탄소를 감축했고, 생산량당 대기오염물질 배출량을 62%, 생산량당 물 사용량을 65% 감축했고, 이러한 성과를 인정받아 1995년부터 현재까지 환경부의 친환경 기업으로 지정되어 왔습니다. 친환경 사업장뿐만 아니라 협력사를 포함한 전 임직원의 건강과 안전을 위해서 전 사업장에 OHSAS18001 인증을 받아 운영 중이며, 신규로 도입되는 모든 생산 설비 및 화학물질에 대해서 공정에 적용되기 전 잠재 위험성 및 유해성을 사전에 검증하는 제도를 운영하여 잠재 위험성을 원천적으로 차단하고 있습니다.

또한 같은 홈페이지 '건강과 안전'이라는 항목에서는 다음과 같이 사원들의 건강관리에 최선을 다하고 있다고 홍보하고 있다.

삼성전자㈜ 반도체는 가장 안전하고 건강한 회사를 만들기 위해 아래와 같은 다양한 안전보건 프로그램을 운영 중에 있습니다.

- 새로운 화학물질과 설비가 도입될 때는 사전에 위해성을 평가하고 안전과 건강을 최우선으로 고려한 시설 및 관리 기준을 수립하여 운영하고 있습니다.
- 비상 발생 시 완벽한 초기 대응을 위해 자체 소방대를 상황 24시간 운영 중이며, 기존의 비상 대응 체계를 발전시켜 피해 최소화를 위한 복구 계획까지 포함한 사업연속성계획(Business Continuity Plan ; BCP)을 수립하여 운영하고 있으며, 비상 상황에 따른 다양한 시나리오를 수립하고 주기적인 교육·훈련도 실시하고 있습니다.
- 임직원의 건강관리와 증진을 위하여 공정의 인간공학적 특성을 평가하고 지속적으로 개선하고 있으며, 사내 병원을 운영하고 임직원 건강검진을 지원하고 있습니다.

그럼에도 삼성전자 반도체 공장에서 백혈병이 집단으로 발병한 것은 무엇으로 설명할 것인가? 회사 측에서는 유해물질과 전혀 상관없으며 우연에 의한 개인적인 질병이라고 주장하지만, 유족들은 이에 대해 믿을 수가 없다는 입장이다.

　반도체 작업장은 클린 룸 시스템으로 되어 있다. '클린(clean)' 이라는 말이 주는 느낌 때문에 작업환경이 쾌적하고 안전할 거라는 생각을 갖기 쉬운데 실상은 그렇지 못하다. 하얀 방진복을 입고 일하는 클린 룸의 작업환경은 각종 설비와 반도체를 보호하기 위한 것이지, 노동자를 보호하기 위한 것이 아니기 때문이다. 반도체는 제품 특성상 미세먼지 등의 불순물에 취약하다. 그래서 작업장의 청정도를 유지하기 위해 클린 룸 시스템을 도입해 공기의 흐름을 조절함으로써 외부로부터 유입되는 먼지나 미세입자 등을 차단시키고 있다.

　그런데 이 클린 룸 안에서 가장 커다란 오염원은 바로 사람이다. 기침이나 재채기를 할 때는 물론 사람 몸에서 배출하는 땀이나 내쉬는 숨에도 수많은 미세입자가 묻어 나온다. 결국 사람 몸에서 나오는 미세입자들을 차단하기 위해 클린 룸 안에서 일하는 노동자들에게 방진복을 입히고 마스크를 씌우는 셈이다. 반대로 클린 룸 안의 시설과 보호장비가 작업장에서 사용하는 각종 유해물질이나 방사선, 가스 등이 노동자에게 스며드는 것을 차단해주지는 못한다. 제품의 질을 높이고 안전성은 유지해주지만 노동자의 건강은 보호하지 못하는 시스템, 이게 바로 클린 룸의 진실이다.

## 2) 반도체 공장의 작업 현실

### ① 정애정 씨의 증언

반도체 공장 안에서는 매우 많은 화학물질이 사용된다. 하지만 반도체 제조공정에 쓰이는 화학물질이 어떤 것인지에 대해서는 회사 측이 영업기밀이라며 밝히길 꺼리기 때문에 일반인들이 알아내기는 무척 어렵다. 방사선에 노출되는 공정도 여러 곳이지만 노동자들은 엑스레이(X-Ray) 설비 외에는 어디서 얼마나 노출되는지도 모른다. 어떤 화학물질이 사용되는지, 그러한 화학물질이 노동자들에게 어떤 영향을 미치는지에 대해 대부분의 노동자들은 알지 못한 채 시키는 대로 주어진 일만 한다.

삼성반도체에서 엔지니어로 일하다 백혈병에 걸려 사망한 고 황민웅 씨의 부인 정애정 씨는 남편과 같은 공장에 1995년 10월에 입사해 2007년 3월에 퇴사했다. 10년 넘게 일을 했으므로 누구보다 작업장의 환경을 잘 알고 있을 그녀는 다음과 같이 증언한다.

반도체 공정은 화학물질을 사용하게 되어 있잖아요. 화학반응을 일으키기 때문에 그건 엄청난, 이상의 물질이 발생한단 말이에요. 회사 측은 '그런 게 새어 나오지 않는다, 인체에 닿을 일이 없다' 라고 이야기하고 있는데, 제가 10여 년 동안 일한 경험으로써는 '그렇

지 않다' 라는 거죠. 우리 그냥 흰 장갑 같은 그런 면장
갑에 그런 비닐장갑 얇은 거 하나 끼고 그런 걸로, 방
진복 그거에 묻으면 방수가 되는 것도 아니구요. 다 스
며들어요.

화학물질이 인체에 그대로 노출되고 있다는 얘기다. 그
러면서 다음과 같은 말로 작업장 안에서 노동자들이 일상
적으로 느꼈던 이상 징후들에 대해 들려준다.

수백만 개의 그런 파티클(먼지)들을, 그게 웨이퍼 칩에
파티클 하나라도 떨어지면 불량이 나서 죽게끔 돼요.
압력이 세단 말이에요. 그런 환경에서 계속 일을 한다
고 보면 돼요. 진짜 몸이 힘들어요. 생리통 많이 앓잖
아요, 여사원들. 라인 안에 들어가면요, 몸이 엄청 아
파요. 신기하게 나와서 누워 있으면 또 나아요. 안 아
파, 꾀병같이. 들어가면 아파 죽겠는 거야. 내 입사 동
기가 있는데 애는 코피를 한 번도 흘린 적이 없다 그랬
거든요. 라인만 들어가면 코피가 멈추질 않아서 퇴사
했어요. 요즘 임산부들, 라인에 들어가서 일을 하는데
그게 애기한테 엄청 안 좋아요.

법으로는 한 달에 2~8시간 이상 안전 교육을 해야 한다
고 되어 있다. 하지만 정애정 씨는 작업장 안에서 어떤 물

질과 가스가 사용된다는 식의 공정과 관련된 안전 교육은 없었으며, 보호구를 착용해야 한다는 사실과 착용 방법 정도를 교육받았다고 한다. 어쩌다 공정과 관련된 교육을 한다고 해도 별로 문제될 게 없다는 식의 '한번 스쳐가는' 정도라 노동자들이 산재가 발생할 수 있다는 인식을 하지 못하는 수준이라고 했다. 그런 형식적인 교육마저도 물량이 많고 바쁘면 거짓 사인을 했고 '누가 물어보면 했다고 해라' 라는 주문을 받았다고 한다. 외부에서 감사가 나왔을 때 필요한 증빙 자료를 갖추는 선에서 교육했다는 것이다.

정애정 씨는 삼성반도체 기흥공장 환경이 뉴스나 텔레비전에서 보여주는 것과 비슷하다고 했다. 하지만 "카메라는 현상뿐이지 그 안의 냄새는 잡지 않는다"며 카메라가 담지 못하는 부분은 보기와 다르다고 했다. 들어가면서 착용하는 의상부터 화학약품 냄새가 나고 라인에도 냄새가 나는데 그것이 기본 환경이고, 공정별 룸에 따라 냄새의 정도가 다르다고 한다. 특히 작업장 내부에서 떠다니는 파티클을 잡아야 하기 때문에 압력이 높은데, 그것이 사람을 짓눌러 몸이 무척 무겁고 피곤하다고 했다. 그래서 정애정 씨는 삼성 이미지 광고를 보면 채널을 돌린다고 한다. 공장 안의 실상을 모르는 사람들이 광고를 보고 잘못된 이미지를 진실로 받아들일까 봐 화가 난다는 것이다.

② 박지연 씨의 증언

2004년 12월에 삼성반도체 온양공장에 입사해 2007년 8월에 백혈병이 발병한 박지연 씨 역시 비슷한 증언을 하고 있다. 다음은 박지연 씨가 근로복지공단에 산재 신청을 한 후 자문의협의회 자리에 나가 증언한 내용이다.

제가 몸담아 일했던 곳은 1라인으로 디램 프론트 (DRAM Front) 공정부터, 몰드(Mold), 피니시(Finish), 게이트(Gate), 테스트(Test) 공정까지 돌아가며 조립·검사공정에서 제품의 외관검사 및 엑스레이(X-Ray) 검사, 피니시 공정의 품질 실험 특성검사인 도금접착성 검사 등 제품의 불량 유무를 검사하는 일을 도맡아 했습니다.

몰드 공정에서 엑스레이 검사가 비중이 제일 컸고 더군다나 엑스레이 설비는 10년이 넘은 노후 설비라 안전장치 등 잠금장치조차 없어 바쁘게 일하다 보면 설비가 켜져 있는지도 모른 채 문을 열고 닫고 작업했던 적도 많았습니다.

피니시 공정에선 도금공정이 끝난 리드 프레임(Lead Frame) 자재를 낱개로 잘라 2시간 동안 굽고 8시간 동안 증기노화시켜 넣어 놓은 후 플럭스(Flux)라는 끈적끈적한 노란색 접착제 역할을 해주는 약품에 제품을 담급니다. 245℃의 녹아 있는 납(Solder)에 담가 납을 입혀 제품에 납이 잘 입혀지는지 테스트하는 도금접착성 검사를 했습니다. 납이 입혀지면 세척제 역할을 하는 141B 약품에 담근 다음 스코프(Scope) 검사를 하는 작업을 수없이 했습니다.

제품을 납에 담글 때, 하얀 연기가 나는데 그 연기는 코로 바로 흡입이 되어서 역겹고, 머리가 아플 지경이었으며, 플럭스 용액과 141B 용액을 교체하며 다루는 과정에 화학약품이 손에 묻는 일이 다반사였습니다. 면장갑을 착용했지만 약품이 그대로 손에 스며들었고 물로 씻어도 약품이 지워지지 않고 남아 있었습니다. 저뿐만 아니라 모든 사람들이 거의 마스크를 하지 않았고 실험 시 필요한 안전 보호 장비조차 제대로 갖춰져 있지 않았습니다. 그리고 솔더 포트(Solder Pot) 장치의 연기가 빠져나가는 후드에서 불이 난 적도 있었습니다.

이렇게 위험하고 열악한 작업환경 속에서 일하며 건강만 잃고 제 인생은 송두리째 날아가버려 지금은 부모님께 불효자식이 되어서 큰 상처만 남긴 채 죄송스러운 마음으로 하루하루를 힘들게 살아가고 있습니다.

처음에 진단을 받았던 병원 교수님께서는 '화학약품을 다뤘냐' 는 질문을 하셨으며, 주위에 유산을 경험한 동료도 있었고, 병이 나기 몇 달 전 생리불순은 물론 하혈을 해 방진복에 피가 묻었던 적도 있었습니다.

4조 3교대가 원칙이지만 사실상 2교대 근무에 2주 연장 야간 일을 할 때도 있었습니다. 이렇게 장시간 노동으로 인해 피로가 누적되고 스트레스가 쌓이고 쌓여 면역력이 저하되고 방사선과 화학약품에 노출되어 있었다는 점에서 업무상 질병으로 충분히 관련이 있을 것이라고 판단해 산업재해 신청을 하게 되었습니다.

반도체 공장의 작업환경이 노동자들의 건강에 악영향을 미쳤을 거라는 걸 알려주는 여러 정황증거들이 있다. 2006년에 사망한 이숙영 씨의 경우 13년간 현장에서 근무하는 동안 갖은 질병에 시달렸다. 1997년 6월 13일부터 2006년 12월까지 이숙영 씨의 건강보험 요양급여내역서 기록에 따르면 무려 118건에 걸쳐 병원을 찾은 것으로 나와 있다. 뿐만 아니라 2000년 12월에는 유산을 하기도 했다. 각종 접촉성 피부질환과 호흡기질환에 시달리며 병원을 찾던 그녀는 결국 백혈병이라는 무서운 병에 걸려 투병하다 세상을 떠나야 했다.

대책위에 따르면 반도체 공장 노동자들 사이에서는 공장 생활을 오래 하면 생리불순과 불임, 유산 등으로 고통을 받게 된다는 소문이 공공연히 돌고 있다고 한다.

## 3) 외국의 사례

미국 노동통계국(BLS)이 2003년에 조사한 바에 따르면 미국의 풀타임 노동자들 중 화학물질 중독으로 인한 사고 사례는 다음과 같다.

**화학물질 중독 사고 사례**  단위 : 1만 명 중

| 전체 노동자 | 0.3명 |
|---|---|
| 제조업 노동자 | 0.5명 |
| 전자산업 노동자 | 3.0명 |
| 반도체산업 노동자 | 6.0명 |

미국 노동통계국, 2003

위 자료는 전자산업, 특히 반도체산업 노동자들의 건강이 얼마나 심각한 상태에 놓여 있는지를 잘 보여준다. 하이테크 산업이라 불리는 이들 첨단산업이 기술은 첨단일지 몰라도 노동자들의 건강면에서는 낙제점을 면치 못하고 있는 셈이다. 전자산업이 발전을 거듭하는 동안 세계 각지의 전자산업 노동자들은 지금도 유해물질에 노출되어 이름 모를 병으로 죽어가거나 신음하고 있다. 전자산업이 더 이상 청정산업이 아니라는 사실이 조금씩 알려지고는 있지만 전자산업을 이끌고 있는 회사들은 아직도 유해물질에 대한 구체적인 정보를 노동자들에게 공개하지 않고 있

으며, 암이나 각종 희귀 질환에 걸린 노동자들의 건강에 대해 책임지려 하지 않는다.

다음은 반도체 공장의 유해물질과 관련한 몇 가지 사례들이다. 이들 사례를 통해 전자산업이 얼마나 많은 위험을 조성하고 있는지 알 수 있을 것이다.

### ① 페어차일드 오염물질 유출 사건

미국 캘리포니아 주에 있는 실리콘밸리는 전자산업의 중심지이다. 1982년 4월, 그 지역의 상수원인 지하수 오염으로 피해를 당한 주민들이 오염의 원인 제공자인 페어차일드 사와 물을 공급하던 그레이트 오크스 수도회사, IBM 등 3개 사를 상대로 소송을 제기했다.

발단은 로레인 로스(Lorraine Ross)라는 여성이 낳은 딸에게 심각한 선천성 심장 기형이 발생하면서부터였다. 로레인 로스는 스스로 이웃집들을 방문하면서 병력을 조사하기 시작했고, 지역 언론의 심층 취재가 이어졌다. 캘리포니아 주 당국이 조사한 결과 수질오염 시기에 지역 주민들의 유산과 선천성기형이 증가했음이 입증되었으며, 총 29개 지역을 미국 환경청 유해산업폐기물기금(Superfund) 우선지원 지역으로 지정하였다.

1984년에 발표된 오염실태조사 보고에 따르면 그곳 대부분의 토양과 지하수가 발암물질인 트리클로로에틸렌(TCE)에 오염된 것으로 밝혀졌으며, 농도는 허용 기준의

30배가 넘었다. 오염은 실리콘밸리가 조성된 1970년대부터 이미 시작되었으며, 65개의 반도체 공장을 비롯한 151개의 공장에서 오염물질이 배출되었다. 그중에서도 반도체를 생산하는 페어차일드 사가 가장 큰 원인을 제공한 것으로 드러났는데, 공장 땅속에 묻어둔 탱크가 유기용제의 폐액으로 부식되면서 생긴 틈으로 오랫동안 많은 폐액이 새어 나왔기 때문이다.

이후 반도체 공장들은 청정산업이라는 이미지를 지키기 위해 안간힘을 썼으나 그 후에도 우물 오염, 화학물질 저장 탱크 누수, 슬러지(sludge) 불법 무단 투기 등의 사건이 계속 일어났다. 반도체 공장의 환경오염 문제가 제기되고 각종 소송이 잇따르자 상당수의 반도체 회사들은 규제가 허술한 아시아 등지로 공장을 이전하기 시작했다. 특히 페어차일드 사는 한국의 부천으로 공장을 이전하여 한국인 노동자들을 고용해 지금도 반도체를 생산하고 있다.

## ② IBM 노동자들의 소송

IBM에서 노동자로 일했던 제임스 무어(James Moore)와 알리다 에르난데스(Alida Hernandez)는 자신들에게 발병한 암이 유해한 작업환경에서 비롯되었다며 2003년에 회사 측을 상대로 소송을 냈다. 이들은 IBM 공장에서 쓰는 화학물질들의 위험에 대해 한 번도 들어본 적이 없었다. 하지만 공장에서 일하는 동안 잦은 두통과 콧물 때문에 고통을 받았으며 자주 몸이 아팠다. 무어는 27년간 근무한 뒤 1993년 IBM을 나왔고, 1995년에 림프종 판정을 받았다. 14년 동안 일한 에르난데스는 1991년에 퇴직했으며, 2년 뒤 유방암 판정을 받았다.

이들이 예방의학자인 클랩 박사에게 조사를 의뢰한 결과 제조 과정에서 사용하는 용매나 발암물질이 암 발병과 관련이 있다는 사실이 밝혀졌다. 클랩 박사는 IBM에서 일했던 노동자들의 사망 자료를 분석해 IBM의 암 발병률이 전국 평균보다 상당히 높으며, 뇌암은 4배, 다발골수종은 6배, 유방암은 2배에 이른다고 증언한 것이다.

이에 대해 IBM 측은 분석 결과를 인정할 수 없다며, "많은 노동자들이 흔치 않은 병에 걸린다 하더라도 이것은 IBM 사업장이 크기 때문에 생기는 자연적인 발병 결과일 수 있다" 혹은 "어떤 노동자에게도 일 때문에 그들의 병이 생겼다는 증거는 없다"는 입장을 취했다. 이런 식의 입장 표명은 비슷한 사례를 겪은 다른 나라의 반도체 업체들은 물론 삼성전자가 취한 입장과 조금도 다르지 않다. 소송이 진행되는 동안 IBM은 회사 측의 각종 자료를 숨기고 보여주지 않았다. 재판 과정에서 회사 측에 불리한 근거들은 채택되지 않았고, 결국 노동자들이 제기한 소송은 패했다. 하지만 그로 인해 IBM 노동자들의 건강과 환경문제가 널리 주목을 받게 되었다. 소송이 진행되는 동안 IBM 노동자 중 50여 명의 암 환자를 비롯해, 화학물질 중독으로 각종 만성

질환에 걸린 200여 명의 피해자들, 선천성 장애를 가진 자
녀를 둔 피해자들의 사례가 50건 이상 드러난 것이다.

### ③ 기타 사례

이 밖에도 일본에서는 1983년 효고 현의 다이코 시에 있
는 도시바다이코 공장에서 시의 상수원이 되는 지하수를
오염시킨 사건이 일어났다. 도시바다이코 공장은 반도체
를 생산하는 곳이었으며, 그 후 반도체 공장 주변의 지하수
오염이 차례로 밝혀짐에 따라 우물물을 식수로 사용하던
주민들에게 큰 충격을 주었다.

2001년 영국 보건안전위원회(HSE)에서 발간한 보고서
에 의해 반도체 공장의 작업이 노동자에게 해롭다는 사실
이 밝혀지기도 했다. 영국의 내셔널반도체(National
Semiconductor)의 그리녹 공장 노동자를 상대로 암 발병
률을 조사한 이 보고서에 따르면, 여성은 폐암, 위암, 유방
암의 발병률이 일반인에 비해 2~5배가량 높게 나타났고
남성은 뇌암 발병률이 4배 높게 나왔다.

실리콘밸리에서는 반도체 공장에서 사용되는 유해물질
로 인해 일어난 각종 질병 사건을 계기로 '실리콘밸리 독
성물질 방지연합(SVTC)' 이라는 단체가 결성되었으며, 지
금도 전자산업 현장에서 발생하는 유해물질의 위험성을
알리고 공장에서 일하는 노동자들의 건강권을 지키기 위
해 노력하고 있다.

# # 반도체 제조 공정

반도체는 일반적으로 다음과 같은 공정을 거쳐서 만든다.

## 1. 웨이퍼 제조 및 회로 설계
(1) 모래에서 규소(Si)를 채취하여 잘 정제한 다음 규소봉(지름 10~30cm)이라는 반도체의 주원료를 만든다.
(2) 규소봉을 가로로 얇게 잘라내는데, 이를 웨이퍼라 한다.
(3) 웨이퍼의 한쪽 면을 거울처럼 매끈하게 연마한 다음 회로 패턴을 설계하여 새겨 넣는다.

## 2. 웨이퍼 가공
(1) 웨이퍼를 세척한 다음 800~1200℃의 고온에서 산소나 수증기를 실리콘 웨이퍼 표면과 화학반응시켜 얇고 균일한 실리콘산화막($SiO2$)을 형성한다.
(2) 빛에 민감한 물질인 감광액(PR)을 웨이퍼 표면에 고르게 바른다.
(3) 노광기를 사용하여 회로 패턴에 빛을 통과시켜 감광막이 형성된 웨이퍼 위에 회로 패턴을 사진처럼 찍어 넣는다.
(4) 감광막이 형성된 곳에 화학물질이나 반응성 가스를 사용하여 필요 없는 부분을 선택적으로 제거하는데 이를 식각이라 한다.
(5) 회로 패턴과 연결된 부분에 불순물을 미세한 가스 입자 형

태로 가속하여 웨이퍼의 내부에 침투시킴으로써 전자소자
의 특성을 만들어 준다.
(6) 웨이퍼 표면에 형성된 각 회로를 알루미늄선 혹은 구리선
으로 연결시킨다.

## 3. 조립 및 검사

(1) 웨이퍼에 형성된 칩들의 상태를 컴퓨터로 검사해 불량품
을 자동 선별한 다음 칩들을 분리하기 위해 다이아몬드 톱
을 사용해 웨이퍼를 절단한다.
(2) 낱개로 분리된 칩 중 불량품을 제외한 칩들을 리드 프레임
(반도체에서 지네발처럼 튀어나온 다리 부분으로, 반도체가
전자제품에 연결되는 소켓의 구실을 한다) 위에 붙인다.
(3) 칩 내부의 외부 연결 단자와 리드 프레임을 가는 금선으로
연결한다.  .
(4) 연결 금선 부분을 보호하기 위한 합성수지 밀봉을 거치면
반도체소자가 최종 완성된다.
(5) 완성품은 전기적 특성, 습도나 온도에 얼마나 견디는가 등
을 검사한 다음 제대로 작동되는 제품을 판매한다.

# 4 대책위의 출범과 반올림의 활동

## 1) 대책위와 반올림의 활동

### ① 대책위의 출범

2007년 11월 20일 수원 삼성전자 반도체 기흥공장 정문에서 '삼성반도체 집단 백혈병 진상규명과 노동기본권 확보를 위한 대책위원회'(이하 대책위)가 출범했다. 다산인권센터와 민주노총 경기본부가 제안해서 만들어진 대책위

는 출범 전부터 몇 차례 회의를 가지며 활동 목표와 방식을 논의했다. 그 결과 오프라인 활동과 함께 대책위 활동의 대중적 확산을 위해 온라인 활동을 병행하기로 하고 인터넷 포털 사이트 '다음'에 '반도체 노동자의 건강과 인권 지킴이, 반올림(http://cafe.daum.net/samsunglabor)'이라는 이름의 카페를 개설했다.

이에 대해 삼성 측에서는 즉각 예민하게 반응을 보였다. 대책위가 출범 기자회견을 하던 중 기자를 사칭한 삼성반도체 총무부 직원이 발각된 것이다. 기자회견 참가자의 발언이 이어지는 동안 바로 앞에서 소형 삼성 카메라로 열심히 동영상을 찍는 사람이 있었다. 이상하게 생각한 대책위 관계자가 그 사람에게 다가가 누구냐고 묻자 "뉴시스에서 왔습니다"라고 대답했다. 마침 현장에 있던 뉴시스 기자에게 확인한 결과 자신 이외에 다른 기자는 오지 않았다는 말을 듣고, 슬그머니 현장을 빠져나가는 가짜 기자를 추궁하기 시작했다. 결국 기자를 사칭한 삼성 직원은 그 자리에서 사과하고 현장을 촬영한 화면을 모두 삭제했다. 하지만 "지워진 메모리도 100% 복원 가능하다"는 사람들의 말에 따라 메모리 카드를 회수했다. 카메라 안에 들어 있던 메모리 카드 뒷면에 삼성 이메일과 이름, 전화번호가 적혀 있는 걸 보고 그 사람이 삼성반도체 총무부 소속 직원이라는 걸 밝혀낼 수 있었다. 자신들의 직원이 아니라고 발뺌을 하던 삼성 간부도 그제서야 사실을 시인했다. 이렇듯 삼성 측에

서는 대책위 출범부터 신경을 곤두세우고 감시의 눈길을
보내왔다.

② 피해 사례 수집

대책위는 우선 다른 피해자들이 있는지 조사하고 피해
사례를 모으기 시작했다. 당시까지 밝혀진 백혈병 피해자
는 6명이었으며 그중 사망자는 5명이었다. 하지만 그 후 진
행된 조사와 제보에 의해 피해자 수는 계속 늘어났다.

특히 삼성반도체 기흥공장뿐만 아니라 온양공장에서도
백혈병 환자가 발생했다는 사실이 드러났다. 1991년에 입
사하여 2005년에 발병한 김옥이 씨와 2004년에 입사하여
2007년에 발병한 박지연 씨가 그들이다. 이런 사실이 드러
나면서 '삼성백혈병충남대책위원회' 가 결성되기도 했다.

현재까지 대책위가 자료를 수집하고 제보를 받아서 밝
힌 피해자 현황은 다음과 같다.

### [삼성반도체 기흥공장]

＊1995년 성명 미상. 급성백혈병으로 사망.

●1997년 2월 이○○ 백혈병으로 사망. 회사 측 위암 사망
주장.

●1999년 4월 강○○ 백혈병 발병. 치료 종결.

●2001년 3월 이○○ 백혈병으로 사망.

●2004년 3월 곽○○ 악성림프종 발병. 치료 종결.

＊2004년 9월 성명 미상. 급성백혈병으로 사망.

＊2005년 7월 23일 황민웅 급성림프구성백혈병으로 사망.
●2006년 3월 주○○ 백혈병 발병. 치료 중.
＊2006년 8월 이숙영 급성골수성백혈병으로 사망.
＊2007년 3월 6일 황유미 급성골수성백혈병으로 사망.
●2007년 8월 강○○ 백혈병 발병. 치료 중.
●2007년 11월 박○○ 악성림프종 발병. 치료 중.
＊2008년 4월 15일 김○○ 급성골수성백혈병 판정. 치료 중.

### [삼성반도체 온양공장]

＊2005년 김옥이 급성골수성백혈병 발병. 치료 중.
＊2007년 9월 박지연 급성골수성백혈병 발병. 치료 중.
●2005년 10월 조○○ 악성림프종 발병. 치료 종결.
＊2008년 4월 송창호 악성림프종 발병. 치료 중.

### [백혈병 이외 암]

＊2005년 3월 온양 삼성반도체 이○○ 직장암 3기 발병. 치료 중.
＊기흥 삼성반도체 김○○ 웨게너씨 육아종 발병. 복직해서 통원 치료 중.
＊2008년 기흥 삼성반도체 남○○ 흑색종으로 사망.

**[기타 질병]** 유산, 불임, 생리불순 등의 질환 및 빈혈, 탈모, 혈액 이상 소견자 다수.

＊기흥 삼성반도체 조○○ 염증성다발신경병증으로 치료 중.
＊기흥 삼성반도체 홍○○(공정 엔지니어) 극심한 빈혈. 2002년 2월 16일 자살.

＊기흥 삼성반도체 3라인 고 이숙영 선임자 최○○ 유산으
　로 퇴사.

＊고 이숙영 유산 경험.

＊온양 삼성반도체 이○○(직장암 피해자) 유산 경험.

＊기흥 삼성반도체 2라인 김○○ 불임과 유산 경험.

＊기흥 삼성반도체 정○○과 직장 동료 다수 유산 경험 및
　기형아 출산 사례 있음.

## [삼성전자]

＊2005년 9월 26일 이○○ 차장 급성림프구성백혈병으로
　사망.

＊2005년 7월 LCD 생산부서에서 퇴직한 한혜경 씨 소뇌
　부 뇌종양 발병. 치료 중.

## [삼성전기]

＊2005년 12월 성명 미상. 백혈병으로 사망.

＊2007년 10월 성명 미상. 만성백혈병 발병. 미국에서 치
　료 중.

＊2007년 11월 삼성전기 부산공장 도○○ 급성림프구성백
　혈병으로 사망.


●표시는 노동부 「삼성반도체 백혈병 발생 사건 경위 및 대책」에서 발췌.
＊표시는 2008년까지 '반올림' 제보 내용 중 일부만 정리한 것임.
산재 신청한 피해자 외에 다른 피해자들은 개인의 신상 보호를 위해 익명으
로 처리했음.

이에 대해 삼성 측은 대책위가 밝힌 내용 중 일부만을 인정하고 있다. 그것도 삼성반도체에 근무했던 직원 중에 백혈병에 걸린 사람이 있으며 그로 인해 사망했다는 사실만 인정할 뿐, 백혈병과의 업무 연관성은 인정하지 않고 있다. 백혈병 문제가 제기되고 점차 사회적인 쟁점이 될 조짐을 보이자 회사 측에서는 직원들로 하여금 외부인들에게 회사 이야기를 하지 말도록 했다. 그리고 황유미 씨가 일하던 3라인을 새롭게 보수했다. 3라인의 시설이 매우 오래되고 낡아서 그동안 가스 노출 등의 문제가 있었다고 알려지자 서둘러 시설을 보수함으로써 문제를 덮으려 했던 게 아닌가 하는 의심을 불러일으켰다. 현재 3라인은 LED 생산라인으로 바뀌었다고 한다.

대책위는 피해 사례를 모아 언론에 알리는 한편 피해자들과 협의하여 근로복지공단에 산재 신청을 함으로써 정당한 보상을 받아내고 더 이상 같은 피해자들이 나오지 않도록 반도체 사업장마다 안전 방지책을 세우도록 하는 일에 힘을 쏟았다. 특히 산재 신청과 관련하여 정확하고 공정한 조사가 이루어지도록 하는 데 많은 힘을 기울였다.

황유미 씨의 억울한 죽음이 세상에 알려진 것이 계기가 되어 출발한 대책위와 반올림은 수년째 거대한 반도체 산업체에 맞서 노동자들의 건강과 인권을 지켜내는 활동을 하고 있다.

### ③ 노동부의 건강실태조사 공개 거부

이러한 활동에 따라 노동부에서는 2008년 1월 31일 배포한 보도자료를 통해 "반도체 제조업체 근로자 건강실태" 일제조사를 하겠다고 밝혔다. 2008년 2월 한 달간 반도체소자를 제조하는 전국 13개 업체를 대상으로 ▲반도체 업체별(원·하청)로 재직 경력이 있는 근로자의 연도별, 직종별, 연령별, 성별 구성 현황 ▲주요 화학물질 취급 현황 ▲방사선 발생 장치 사용 현황 ▲건강진단 및 작업환경 측정 실시 현황 ▲백혈병 발생 현황 등을 조사한 다음 반도체 업체의 화학물질 사용 실태, 근로자의 건강관리 실태 등을 파악하여 근로자의 건강 보호 대책을 수립하는 자료로 활용할 예정이라고 했다.

하지만 그 이후 노동부는 대책위의 조사 참여 요구를 거부한 데 이어 조사 결과도 공개하지 않았다. 대책위가 정보 공개 청구까지 했으나 노동부는 요지부동이었다. 노동부는 "반도체 노동자 건강실태조사 결과에 법인이나 단체 등이 보유하고 있는 생산기술 또는 영업상의 정보가 포함돼 있어, 당사자 이익을 해칠 우려가 있다"고 정보공개 청구 거부 배경을 밝혔다. 이에 대해 대책위가 "노동부가 사업주의 이익을 보호한다는 명분으로 노동자의 건강권을 내팽개치고 있다"고 하자 "이번 실태조사는 역학조사 과정에서 기초 자료를 제공하기 위한 목적일 뿐"이라며 "분석도 마치지 않은 조사 결과를 공개할 경우 역학조사 결과에 영향을 미칠 수 있고, 노동자 개인의 건강 정보도 유출될 우려가 있다"고 해명했다. 대책위는 계속해서 백혈병에 걸린 사람이 몇 명인지와 반도체 제조공정에 사용되고 있는 화학물질의 목록이라도 알려 달라고 했지만, 노동부는 끝내 이러한 요구마저 거부했다.

## 2) 반도체의 날 딴지 시상식

'반도체 노동자의 건강과 인권 지킴이, 반올림'(이하 반올림)은 2009년 10월 30일 제2회 반도체의 날을 맞아 서울 강남구 삼성타운 앞에서 '반도체의 날 딴지 시상식'이라는 독특한 행사를 진행했다. 반도체의 날은 반도체 수출로 벌어들인 돈이 100억 달러를 돌파한 날을 기념하는 동시에 반도체산업과 그에 종사하는 사람들을 격려하자는 취지로 지식경제부가 2008년에 매년 10월 29일을 기념일로 제정했다.

반올림은 "제2회 반도체의 날을 맞아 백혈병과 암 피해 노동자들의 목소리를 잠재우기 위해 불철주야 애쓴 정부기관들의 노고를 치하하고, 한국 사회의 꺼지지 않는 권력으로 빛나고 있는 삼성반도체의 위상을 재확인하는 의미에서 행사를 준비하게 됐다"며 딴지 시상식의 개최 이유를 밝혔다.

시상식에 특별 손님으로 참석한 황상기 씨는 "노동자가 좀 죽어야 또 다른 노동자에게 일자리가 생기는 것"이며, "피해 노동자에게 돌아갔어야 할 보상금이 이건희·이재용의 삶에 보탬이 되면 좋겠다"는, 풍자와 조롱이 담긴 말로 수상자들을 격려(?)했다. 한편 이날 행사장인 삼성타운 앞에서는 건물 경비원들이 나와 현수막의 끈을 끊는 등 행사를 방해했다. 심지어 취재 중인 〈한겨레신문〉 기자에게 폭언을 하기도 했다.

이날 반올림에 의해 수상자로 선정된 단체와 상 이름은 다음과 같다.

### 벤젠사랑 상 : 삼성반도체

수상 이유 : 1급 발암물질로 알려진 벤젠을 반도체 제조공정에서 널리 애용해왔다. 삼성반도체의 벤젠 사용으로 백혈병 환자들이 양산되어 사회적인 비난에 처해도 결코 반성하지 않는 강직한 벤젠사랑 정신을 실천함으로써 유해물질 제조업계의 이익에 지대한 공을 세웠다.

### 묻지마 상 : 근로복지공단

수상 이유 : 삼성반도체 직업성 암 피해 노동자들에게 아무 것도 묻지도 따지지도 않고 산재 불승인 처분을 남발했다.

### 환상의 짝꿍 상 : 한국산업안전보건공단

수상 이유 : 반도체 백혈병 역학조사에서 투명하고 철저한 방식이 아닌 기업들이 안심할 수 있는 방식으로 조사를 수행해 조사 방법의 한계나 결과에 대한 비판에 부딪힐 때마다 기업의 이익과 명예에 손상 없도록 신속히 해명 자료를 내놓은 바, 기업들과 환장할 수준의 파트너십을 보여줬다.

### 요지부동 상 : 노동부

수상 이유 : 삼성반도체 암 문제 진상 규명, 작업장 안전보건에 대한 철저한 감독, 노동자 탄압하는 기업 처벌, 공공정보의 투명한 공개 등 수많은 책임과 의무를 묵묵히 방치했다.

# # 반도체 노동자의 건강과 인권 지킴이, 반올림

'반올림(#)'은 영문으로 'SHARPS'로 표기하며, 각각 의미를 담은 영문의 앞 철자를 따서 만든 이름이다.

Solidarity(연대)의 S는 반도체 자본과 맞서 싸우는 이들과의 연대, Help(상담)의 H는 피해 상담과 법적 대응 지원, Action(직접행동)의 A는 노동권, 건강권 확보를 위한 직접 행동을 나타낸다. 또한 Research(연구)의 R은 반도체산업의 안전보건 문제에 대한 연구, Propaganda(선전)의 P는 더 많은 이들과 함께하기 위한 선전과 홍보를 뜻한다.

대책위는 반올림을 통해 우선 진상규명 투쟁과 백혈병 등이 산재임을 인정받을 수 있도록 하는 활동을 하고 있다. 그리고 무노조 경영으로 인해 피해 받는 삼성노동자들에게 노동기본권의 중요성을 알리고 조직화하며, 무엇보다 피해 사례가 제대로 밝혀진 적이 없는 반도체산업 노동자들의 노동건강권 확대에 기여함으로써 신자유주의 세계화에 반대하고 대정부 투쟁이 될 수 있도록 하는 것을 목표로 하고 있다.

반올림에는 현재 건강한 노동세상, 사회주의노동자당 경기 준비모임, 경기비정규노동센터, 경기연대(준), 노동건강연대, 다산인권센터, 다함께, 민주노동당 경기도당, 민주노총 경기법률원, 민주노총 경기본부, 민주화를위한전국교수협의회, 사회당 경기도당, 산업재해노동자협의회, 삼성일반노조, 삼성해고자복직투쟁위원회, 원진노동안전보건교육센터, 인천산업재해노동자협

의회, 전국금속노동조합, 진보신당 수원오산화성추진위원회, 한
국노동네트워크협의회, 한국노동안전보건연구소, 삼성백혈병
충남대책위 등 22개 단체가 참여하고 있다.

**반올림 카페 http://cafe.daum.net/samsunglabor**

# 5 산재 신청

## 1) 산재 신청과 반올림의 입장

반올림은 대법원 판례에 따라 삼성반도체 노동자들의 백혈병이 업무상 질병으로 인정되어야 한다며 근로복지공단에 산재 신청을 할 당시에 다음과 같은 간접 사실을 제시했다.

첫째, 입사할 당시 건강 상태가 양호했다.
둘째, 백혈병이나 기타 동종 질환의 가족력이 없다.
셋째, 근무 당시 유해요인 노출 방지를 위한 안전보건 설비가 충분치 않은 작업환경이었다.
넷째, 근무 당시 유해요인 노출이 가중될 만한 방식으로 작업했다.
다섯째, 같은 사업장 안에서 백혈병 및 동종 질환이 발생했다.

산재 신청을 하면 보통 1~2개월 안에 판정이 내려지곤

한다. 하지만 삼성반도체 집단 백혈병에 대해서는 이런저런 이유로 시간을 끌며 망설이는 모습을 보였다. 그리고는 역학조사를 실시해 결과를 받아본 다음에 판정을 내리겠다고 했다.

피해자들과 반올림은 백혈병의 원인은 피해자가 밝히는 것이 아니라 사업주와 정부가 밝혀내야 한다는 입장을 취해왔다. 즉, 작업장에서 사용한 유해물질이 백혈병을 일으키는 데 영향을 미치지 않았음을 회사와 정부가 증명해야 하며, 그러한 사실을 증명해내지 못하면 산업재해보상보험법의 취지에 맞게 업무상 질병임을 인정하고 신속한 보상이 이루어지도록 해야 한다는 것이다.

산재 신청 이후 승인 여부가 확정되지 않고 대책 없이 시간만 흘러가는 동안 치료비며 생활비 등을 피해자가 고스란히 부담해야 하는데, 이는 노동자들을 두 번 울리는 것이나 다름없다. 산재보험은 공공보험의 성격을 띠고 있으며, 이를 관장하는 근로복지공단은 마땅히 노동자들의 복지를 최우선으로 해야 함에도 기업의 눈치를 보는 이중적인 행태를 취해오곤 했다.

산업재해보상보험및예방기금(산재보험기금)은 2007년에 흑자를 기록하였으며 자산도 1조 가까이 늘었다. 특히 산재보험료 수입이 늘어난 반면 보험급여 지출 증가율이 둔화해 여유 자금 운용이 2006년 대비 8297억 원 증가했다.(노동부, 「산업재해보상보험및예방기금 2007 회계연도

결산보고서」)

　이렇듯 엄청난 흑자를 본다는 것은 그만큼 산재 노동자들을 위해 적극적으로 기금을 사용하는 것이 아니라 기관의 흑자 경영에만 신경을 쓰고 있는 것이 아닌가 하는 의심을 받기에 충분하다.


## 2) 산재 승인 실태

### ① 직업성 암과 산재 승인 현황

　국제노동기구(ILO)의 2007년 보고서에 따르면 전 세계에서 1년에 직업성 암으로 사망하는 인구를 60만 명 이상으로 추정하고 있다. 실제는 이보다 많을 것으로 보이지만 이 통계로만 봐도 52초마다 1명씩 직업성 암으로 사망하고 있는 셈이다. 미국 국립산업안전보건연구원(NIOSH)이 1997년에 밝힌 자료에 따르면 미국에서 매년 암으로 사망하는 50만 명 중에 최소 4%인 2만 명이 직업적인 원인에 의해 사망하는 것으로 추정하고 있다. 관련 기관이나 의학자마다 견해가 조금씩 다르긴 하지만 직업성 암 환자의 비율을 전체 암 환자의 2~8% 정도로 잡고 있다.

　통계청에 따르면 2007년에 우리나라에서 암으로 인한 사망자는 6만 7561명이다. 이중에서 4%만 잡아도 2702명 정도가 직업성 암으로 사망했다고 추론해볼 수 있다. 하지만 직업성 암 사망자가 산재 승인을 받는 경우는 극히 드물다.

한국산업안전보건공단 산하 산업안전보건연구원 안연순 책임연구원이 2006년에 조사하여 발표한 「우리나라의 직업성 암 발생 현황」을 보면 1999년부터 2005년까지 간암과 진폐증으로 인한 폐암을 제외하고 산재 요양이 승인된 직업성 암은 7년 동안 149건에 불과하다.

**산재 요양 승인된 직업성 암 분포**  단위 : 명

| 종류 | 계 | 연도 | | | | | | |
|---|---|---|---|---|---|---|---|---|
| | | 1999 | 2000 | 2001 | 2002 | 2003 | 2004 | 2005 |
| **호흡기암** | **93** | 18 | 11 | 12 | 9 | 18 | 13 | 11 |
| **조혈기암** | **50** | 12 | 3 | 3 | 8 | 6 | 10 | 8 |
| **기타** | **6** | 1 | 1 | | | 2 | | 2 |

안연순, 「우리나라의 직업성 암 발생 현황」, 2006

위 표를 보면 간암과 진폐증으로 인한 폐암을 제외하면 1년에 20~30건 정도가 승인되고 있으며, 간암과 진폐증으로 인한 폐암을 포함하면 1년에 40~60건 정도가 승인되고 있다.

## ② 산재 불승인의 원인

이렇듯 직업성 암 발생 환자가 산재 승인을 받지 못하는 이유는 우선 노동자들이 발병 원인을 알아내기 힘들기 때문이다. 직업성 암은 특정 암을 제외하고는 일반 암과 증상

이나 형태 면에서 차이가 없기 때문에 환자 본인이 직업성 암 여부를 인지하기 매우 어렵다. 그리고 직업성 암 발병 가능성이 있는 노동자들이 평소에 자신의 작업환경 및 사용물질의 암 발생 가능성에 대한 정보를 알고 있어야 하는데, 우리나라의 경우 대부분의 노동자들이 이에 대한 정보를 가지고 있지 못하다.

설령 환자 본인이 인지하지 못하더라도 의료 기관이나 직업성 질환 감시체계 등을 통해 직업성 암을 인지하고 요양 신청을 할 수 있어야 하는데, 이러한 체계가 매우 불충분한 실정이다. 의료 기관이나 진료 의사들이 직업성 암에 대한 정보가 부족하고, 일선의 임상 의사들이 일반적으로 환자 질병의 원인에 대한 관심이 적어서 진료 과정에서 직업성 암을 인지하기는 어렵다. 또한 많은 직업성 암이 잠복기 등의 이유로 퇴직한 이후에 발생하게 되는 경우가 많기 때문에 현직에 있을 때 건강검진으로 발견하기 힘들다는 것도 중요한 이유다.

하지만 그런 이유 못지않게 중요한 것은 근로복지공단에 산재 신청을 해도 승인을 받기가 매우 까다롭다는 사실이다. 폐암을 제외한 대부분의 직업성 암은 한국산업안전보건공단에서 조사하고 심의하는데 암 발병과 업무 연관성을 파악하는 데 지나치게 엄격한 기준을 적용시키고 있다.

2005년 민주노동당 국정감사 자료집에 따르면 직업성 암이 의심되어 요양을 신청해서 승인받은 경우가 2003년에는 247건 신청에 56건(22.7%) 승인, 2004년에는 257건 신청에 47건(18.3%) 승인, 2005년 7월 현재 161건 신청에 15건(9.3%) 승인에 불과했다. 영국과 프랑스 등에서는 1년에 1000건 정도가 승인을 받는 것과 비교해 볼 때 터무니없이 낮은 수치에 머물고 있음을 알 수 있다. 우리나라의 경우 신청 건수도 적지만 그나마도 승인 비율이 워낙 낮아서 과연 근로복지공단이 직업성 암에 대한 인식을 제대로 하고 있는 것인지, 노동자들의 복지를 위해 존재하고 있는 것인지 의문을 갖지 않을 수 없다.

# 업무상 질병의 인정 기준

산업재해보상보험법 시행령 제34조는 '업무상 질병의 인정 기준'을 크게 세 가지로 정해놓았다.

첫째, 근로자가 업무 수행 과정에서 유해·위험요인을 취급하거나 유해·위험요인에 노출된 경력이 있을 것. 둘째, 유해·위험요인을 취급하거나 유해·위험요인에 노출되는 업무 시간, 그 업무에 종사한 기간 및 업무 환경 등에 비춰볼 때 근로자의 질병을 유발할 수 있다고 인정될 것. 셋째, 유해·위험요인에 노출되거나 유해·위험요인을 취급한 것이 원인이 되어 그 질병이 발생하였다고 의학적으로 인정될 것 등이다.

한편 '대법원 1997. 2. 28. 선고 96누14883' 판결과 '대법원 2004. 4. 9. 선고 2003두12530' 판결 등에 따르면 '업무상 재해' 여부는 이런 법의 요건들이 반드시 의학적·자연과학적으로 명백히 증명되어야 하는 것이 아니라, 다양한 간접 사실들을 통해 추정할 수 있을 때에도 인정해야 한다고 되어 있다.

즉, 당해 근로자의 건강과 신체 조건을 기준으로, 취업 당시의 건강 상태, 기존 질병의 유무, 질병의 원인, 작업장에 발병 원인물질이 있었는지 여부, 발병 원인물질이 있는 작업장에서의 근무기간, 종사한 업무의 성질 및 근무환경, 같은 작업장에서 근무한 다른 근로자의 동종 질병에의 이환 여부 등의 간접사실에 의해 업무와 재해 사이에 상당 인과관계가 있다고 추단되는 경우에도 입증이 있다고 보아야 한다고 명시하고 있다.

# 6 역학조사를 둘러싼 공방

## 1) 진행 경과

### ① 부당한 역학조사

역학조사는 주로 전염병이나 각종 질병의 발생 원인을 밝히기 위해 보건 당국 등에서 실시하는 조사를 말한다. 따라서 역학조사의 내용과 방식은 다양할 수 있는데, 여기서 말하는 역학조사는 산업안전보건법 〈제43조의 2〉에서 말하는 "근로자의 질병과 작업장의 유해요인의 상관관계에 관"하여 한국산업안전보건공단이 실시하는 '직업성 질환 역학조사'를 뜻한다.

2007년 6월 1일, 황유미 씨의 가족은 '건강한 노동세상'이라는 노동안전보건단체의 도움을 받아 근로복지공단 평택지사에 산재보험 유족보상을 청구했다. 이에 따라 근로복지공단은 황유미 씨의 백혈병이 업무상 질병인지를 평가해 달라고 한국산업안전보건공단에 의뢰했으며, 한국산업안전보건공단은 2007년 7월부터 11월까지 역학조사를 실시했다. 하지만 황유미 씨가 근무하던 때로부터 이미

2년이나 지났고, 라인의 시설이 그대로 보전된 상태가 아니라 정확한 조사가 이루어질 수 없었다. 일회적인 현장 조사만으로는, 그것도 회사가 제공하는 자료와 시설에 대한 점검만으로는 애초부터 뚜렷한 결과를 얻어낼 수 없었던 것이다.

2007년 9월 중에 있었던 작업환경 측정 조사에 '건강한 노동세상' 쪽에서도 참여하겠다고 신청했으나 거부당하고, 유족인 황상기 씨만 참여했다. 현장 조사는 일주일 정도 이루어졌는데, 황상기 씨는 그중 3라인 조사를 할 때 하루만 참여했다. 황상기 씨에 따르면 황유미 씨가 근무했을 때의 진술과는 상황이 조금 달랐다고 한다. 황유미 씨는 근무 중에 너무 더워서 고글 등을 가끔 벗었고, 그때마다 주의를 받았다고 했는데, 황상기 씨가 가보니 온도가 몸에 딱 맞고 쾌적했다는 것이다. 삼성이 역학조사에 앞서 안전조치들을 강화했을 거라는 게 황상기 씨의 생각이다.

2007년 12월 28일 황유미 씨 백혈병의 업무 연관성에 대한 '역학조사 평가위원회'가 열렸으나 뾰족한 결론을 내리지 못하고 보류되었다. 결국 평가위원회는 이번 역학조사만으로는 업무 연관성을 판정할 수 없다며, 우리나라 전체 반도체 노동자들의 림프조혈기계 암 발생 위험도를 평가하는 역학조사를 실시한 후 최종 결론을 내리기로 했다. 이에 따라 한국산업안전보건공단은 2008년 3월부터 12월까지 6개 회사의 9개 반도체 사업장 및 그 협력업체를 대상으로 림프조혈기계 암에 대한 역학조사를 실시했다.

이러한 집단역학조사 외에도 산재를 신청한 피해자들에 대한 개별역학조사가 동시에 진행되었다. 황유미 씨에 이어 이숙영, 황민웅 씨의 유족들과 투병 중인 김옥이, 박지연 씨 등 4명의 피해자가 2008년 4월 28일에 새롭게 산재보상을 청구했던 것이다. 이에 대해 근로복지공단은 황유미 씨와 마찬가지로 4명의 피해자 각각에 대해 질병의 업무 연관성 여부를 판단하기 위한 평가를 한국산업안전보건공단에 의뢰했다.

역학조사를 담당한 한국산업안전보건공단에 대해 피해자들과 반올림 관계자는 처음부터 역학조사가 과연 정확하고 공정하게 진행될 것인지에 대해 의문을 가졌다. 고통받는 노동자들의 입장을 헤아리기보다는 회사 측에 면죄부를

주기 위한 조사가 되지 않을까 하는 우려를 한 것이다. 그래서 반올림은 2007년 12월 26일에 노동부 과천청사 앞에서 기자회견을 열어 다음과 같은 내용을 요구했다.

첫째, 삼성반도체 전 공정에 대해 대대적인 역학조사를 실시해야 하며, 백혈병 발병자가 얼마나 더 있는지를 확인하기 위해서 퇴직자 및 이직자, 협력사원, 비정규직 등 전 사원에 걸쳐 조사가 이루어져야 한다.

둘째, 역학조사에 (유)가족 또는 (유)가족이 추천하는 전문가의 참여를 보장해 공정한 조사가 이루어지도록 해야 한다.

셋째, 질병이 업무와 관련되지 않는다는 확실한 증거를 찾지 않는 한, 근로복지공단은 지체 없이 산업재해로 인정하고 보상해야 한다.

넷째, 백혈병을 비롯하여 삼성반도체에서 일해 온 노동자들의 건강실태와 그 원인이 되는 작업환경 문제를 정확히 규명하고, 앞으로 또 다른 피해 노동자들이 발생하지 않도록 개선해야 한다.

## ② 신뢰를 저버린 노동부와 한국산업안전보건공단

반올림은 기자회견뿐만 아니라 노동부와 한국산업안전보건공단을 향한 공개질의, 면담, 항의방문, 집회 등을 통해 역학조사에 대한 참여를 보장하거나 최소한의 정보와 자료를 공개하라고 꾸준히 요구했다. 그러면서 사업주가 일방적으로 제공하는 자료만 가지고 결론을 내리지 않도록 반올림이 자체적으로 확보한 제보 내용과 자료들을 정리하여 한국산업안전보건공단에 제공하기도 했다.

하지만 노동부와 한국산업안전보건공단은 (유)가족과 반올림의 요구를 대부분 받아들이지 않았다. 우선 조사 진행 과정에 피해 당사자 또는 추천 전문가의 참여를 요구했지만 회사 자료에 대해 비밀 유지를 약속했다거나 일부 자료에는 개인 정보가 들어 있다는 등의 이유를 들어 거부했다. 정당한 이유로 회사의 비밀이 보장되어야 한다면 그 자료는 빼고 공개해도 좋고, 개인 정보가 노출되지 않도록 가공된 자료만을 보겠다고 해도 노동부와 한국산업안전보건공단은 모르쇠로 일관했다. 밀고 당기는 과정에서 노동부는 피해 노동자 측이 참여하면 회사 측도 참여하겠다고 나설 것이라는 이유를 대기도 했다. 반올림은 피해자 측과 회사 측이 동시에 참여해서 상충되는 쟁점을 확실히 짚고 넘어가면, 조사 과정은 어려울지 모르나 모두가 승복할 수 있는 투명한 조사가 될 것이라며 그렇게 하자고 했다. 하지만 역시 최종 답변은 그렇게 할 수 없다는 것이었다.

역학조사에 대해 규정하고 있는 법령 어디에도 피해 당사자들의 참여를 금지하는 조항은 없다. 노동부와 한국산업안전보건공단의 의지에 따라 충분히 가능한 일인데도 끝까지 거부하는 모습을 보며 피해자와 반올림 관계자들은 노동부에 신뢰를 보낼 수 없게 되었다.

집단역학조사는 사업주가 제공하는 자료에 크게 의존할 수밖에 없기 때문에 사업주가 의도적으로 자료를 왜곡하고 은폐하려고 들 경우 이를 검증하거나 막을 장치가 없다. 반올림은 구체적인 조사 계획이나 경과는커녕 노동부와 한국산업안전보건공단이 확보한 자료의 목록조차도 열람할 수 없었다. 이렇듯 철저히 비공개 상태에서 역학조사를 진행하다 보니 노동부와 한국산업안전보건공단이 '노동자 건강 보호'라는 기본 목표보다도 '기업의 이미지와 이윤 보호'에 매달리고 있는 게 아닌가 하는 의심을 받아도 할 말이 없게 되었다.

반올림은 마지막으로 최종 결론을 내기 전에 공청회라도 열자는 요구를 했다. 조사 과정에 전혀 참여하지 못했으므로 어떤 방식으로 어떤 내용을 조사했는지에 대해 듣고 조사 내용을 검토한 뒤 그에 대한 의견을 낼 수 있는 기회를 만들어 달라는 요구였다. 그러나 이마저도 끝내 받아들여지지 않은 채 역학조사는 그들만의 조사로 끝이 났다.

**2) 조사 결과 발표와 이에 대한 반박**

**① 한국산업안전보건공단의 조사 결과**

한국산업안전보건공단은 2008년 12월 23일에 역학조사 평가위원회를 열어 집단역학조사 결과를 검토하고, 곧바로 12월 29일에 '반도체 제조공정 근로자 건강실태 역학조사 결과 발표회'를 통해 세상에 결과를 알렸다. 한국산업안전보건공단 산하기관인 산업안전보건연구원은 삼성전자뿐 아니라 국내 반도체 웨이퍼 제조업 6개 사와 29개 협력업체 공장에서 10여 년 이상 일한 전·현직 노동자 22만 9683명을 대상으로 역학조사를 실시했다고 밝혔다. 그리고 1995~2007년의 고용보험 자료와 1998~2007년의 회사 측 인사 자료를 토대로, 통계청의 사망 원인 통계 자료, 국가 암 등록 자료, 건강보험 자료와의 비교를 통해 백혈병 등의 발병률과 사망 위험이 일반 인구에 비해 높은지를 조사한 것이라고 했다.

발표회장에서 밝힌 조사 결과의 핵심적인 내용을 정리하면 다음과 같다.

첫째, 반도체 공정을 진행하는 작업 현장에서 백혈병 유발 가능 물질인 벤젠을 비롯해 전리방사선, 산화에틸렌 등을 측정하였으나 검출되지 않거나 노출 기준을 초과하지 않았다.

둘째, 백혈병과 반도체 공정 사이의 관련성에 대해 일반 인구 집단과 비교했을 때 여성의 경우 사망 비율은 일반인에 비해 1.48배, 암 발병 비율은 1.31배 높았으나 통계적 의미가 없고, 남성의 경우 오히려 일반인보다 낮은 수준이었다.

셋째, 림프조혈기계 암 가운데 하나인 비호지킨림프종(non-Hodgkin's lymphoma)의 경우 일반인에 비해 2.67배 높았다. 특히 반도체 조립공정의 생산직 여성은 비호지킨림프종의 발병률이 5.16배 높았다.

넷째, 발병률이 매우 낮은 질환인 림프조혈기계 암의 위험도를 평가하기에는 추적 기간이 짧았고, 조사 대상자들의 과거 직업력이나 흡연 등 비직업적인 위험요인에 대한 정보가 없어 한계가 있었다. 암 발병의 원인 규명을 위한 역학 연구는 충분한 위험요인 정보를 파악해 앞으로 장기적인 추적·관찰이 필요하다.

② 집단역학조사의 문제점

이러한 결과 발표에 대해 반올림은 즉각 반발을 하며 역학조사의 문제점을 다음과 같이 지적했다(2008년 12월 30일에 발표한 성명서에서 발췌함).

**【문제점 1】 고위험 집단의 존재를 통계로 뭉뚱그렸다**

공단은 조사 대상자 전체를 분모로 계산한 발병률이 전체 인구의 발병률에 비해 상대적으로 높은지 낮은지에 대한 결과만을 발표하였다. 가령 2007년까지 과거 10년간 고용보험 자료상 16만 6794명 중 62명의 림프조혈기계 암 환자를 발견했고, 삼성반도체의 경우 자료가 확보된 5만

2315명 중에서 찾아낸 림프조혈기계 암 환자 수는 19명이라고 했다.

그러나 이런 식의 계산법은 실제 암 위험이 높은 집단의 문제를 희석시킬 수 있다. 일찍이 미국과 영국에서도 기업들의 지원을 바탕으로 수행된 연구들이 진실을 축소·은폐하기 위해 이런 방식을 사용하여 피해자들과 양식 있는 전문가들로부터 비난받은 일도 있다. 반올림 역시 공단이 이런 오류를 범해서는 안 된다는 의견을 수차례 밝힌 바 있다.

예를 들어 삼성반도체 기흥공장의 급성백혈병 발병자들은 모두 1, 2, 3라인 출신으로, 이 라인들은 수동 작업이 많고 설비가 오래되어 누출 사고가 잦기 때문에 일명 '사고라인'으로 불리던 곳들이다. 3라인 디퓨전 공정에서 2인 1조로 일하다가 급성백혈병으로 사망한 이숙영 씨와 황유미 씨를 비롯하여, 2라인 에칭(Etching) 공정에서 일하다 발병한 김OO 씨, 1라인 설비 엔지니어였다가 사망한 황민웅 씨, 1~3라인 공정 엔지니어 출신으로 현재 투병 중인 주OO 씨 등 반올림이 파악한 것만도 최소한 5명의 백혈병 환자가 존재한다. 5만 명이 넘는 삼성반도체 전체 노동자 중에서 15개 생산 라인에서 일한 노동자들, 그중 특히 위험한 1~3라인에서 일한 노동자들은 과연 몇 명이나 될지 생각해보라. 1~3라인 근무자들 중 5명의 발병률을 구하면 삼성반도체 전체 5만여 명 중 19명의 발병률보다 훨씬 높게 나올 것은 불을 보듯 뻔한 일이다.

공단은 왜 고위험 집단에 대한 분석을 하지 않고 전체 발병률로 뭉뚱그려 발표하였는가? 발표회 자리에서 산업안전보건연구원장이 구두로 밝힌 이유는 "발견된 환자들에서 별다른 공통점을 찾을 수 없어서"라고 했다. 그러나 우리가 수차례의 면담과 자료 제출, 기자회견 등을 통해 다양한 경로로 제공했던 고위험 집단에 대한 정보는 보고서에 단 한마디도 언급되지 않았다. 어찌하여 공단은 당사자들이 제공한 정보를 공식적인 자료로 채택하지 않았는지 도저히 납득할 수 없다.

한편, 공단의 보고서에서는 고위험 집단의 문제를 통계로 뭉뚱그린 이유가 "세부 공정에 대한 자료가 없어서"라고 했다. 아무 공장이나 들어가 보라. 라인별로 월별, 주별, 일별, 심지어 시간대별 출퇴근 현황, 생산량 현황, 불량 현황 등을 기록하지 않는 공장이 있는가. 노동자의 소속과 직무는 모든 사업장 인사 기록의 핵심이다. 이 정도의 자료조차 없었다는 말은 공단이 자료를 확보할 의지가 부족했거나, 회사가 상세한 자료 제공을 거부했다는 의미 이상도 이하도 아니다.

**【문제점 2】 건강 노동자 효과를 고려하지 않았다**

노동자 집단의 건강 수준에 대한 역학조사 결과는 종종 일반 인구 집단에 비해 건강하다고 나오곤 한다. 대상 사업장이 건강에 이로운 환경이기 때문이 아니다. 애초에 취업

단계에서 좀 더 건강한 이들이 입사하는 데다가 근무 중에 건강 문제가 발생하면 퇴사나 이직을 통해 그 현장을 떠나기 때문에 결국 건강한 노동자들만이 남게 되어 나타나는 현상으로, 이를 '건강 노동자 효과'(healthy worker effect)라고 부른다. 가령 이번 역학조사에서 모든 원인을 망라한 전체 사망비가 일반 인구 집단에 비해 남성이 0.53%, 여성이 0.68%로 나타난 이유 중 하나는 건강 노동자 효과라고 설명할 수 있다.

건강 노동자 효과는 보건 통계와 역학에서 가장 기본적인 개념 중 하나다. 이 개념이 중요한 이유는 실제로는 건강에 유해한 노동환경이지만 노동자들의 건강은 오히려 일반 인구 집단보다 더 좋은 것으로 조사되어 자칫 노동환경에 아무런 문제가 없는 것처럼 왜곡될 수 있기 때문이다.

반올림은 실제로 반도체 공장을 오래 다니지 못하고 퇴사한 노동자들과의 만남을 통해 건강 노동자 효과에 대해 실감할 수 있었다. 이들이 안정적인 일자리를 뿌리치고 퇴사한 이유는 대부분 두통, 코피, 실신, 하혈, 불임, 피부병 등 건강상의 문제 때문이었다.

공단조차 29일 발표회 자리에서 '비교 집단으로 삼을 만한 건강한 근로자들에 대한 자료가 없어 일반 인구와 비교할 수밖에 없었으며, 이것은 분명 이 연구의 한계다' 라고 인정하였다. 그러나 이런 말들은 허공에 흩어지면 그만일 뿐이다. '건강 노동자 효과를 감안하지 못한 한계가 있으므로, 어떤 질병의 위험도가 이번 조사에서 낮게 나타났다고 하여 그 질병의 실제 위험이 낮으리라고 섣불리 단정지어서는 안 된다' 라는 최소한의 주의조차 공식적인 보고서에서는 단 한마디도 찾아볼 수 없다.

### 【문제점 3】 백혈병 위험의 축소·왜곡을 조장하였다

온갖 연구의 한계에도 불구하고 림프조혈기계 암 중에서 비호지킨림프종의 위험이 뚜렷하게 확인되었다는 점은 매우 중요한 의미를 지닌다. 암을 유발하는 무언가가 반도체 산업 현장에 존재하고 있음을 시사하는 것이기 때문이다.

그런데 백혈병과 림프종은 모두 '조혈모세포' 에서 기원하는 암이다. 백혈병만 일으키는 발암물질이나 림프종만 일으키는 발암물질이 따로 있지 않으며, 골수를 표적기관으로 하는 발암물질이라면 백혈병이나 림프종 모두 유발할 수 있다. 따라서 림프종의 발병 위험이 명확히 높게 나왔다는 사실은 백혈병을 포함한 림프조혈기계 발암물질이 반도체 산업 현장에 존재할 가능성을 강력하게 시사하는 것이다.

이는 발표회 자리에서 공단 측에서도 다음과 같이 분명히 언급한 사실이다.

"림프조혈기계 암이란 제일 큰 덩어리이고, 그 안에 림프종과 백혈병이 들어간다. 백혈병과 림프종은 그

근원이 조혈모세포의 분화가 잘 안 돼서 생기는 질환
이기 때문에 두 질환을 정확히 엄격하게 구분하기 어
렵다. 그래서 (이번 조사에서) 두 질환을 구분해서도
보고 림프조혈기계 암으로 묶어서도 보았던 것이다."

―박정선, 직업병연구센터 소장


"림프와 혈액은 조혈모세포라는 출발점이 똑같다. 어
느 단계에서 문제가 생기느냐에 따라 림프종이 생길
수도 있고 백혈병이 생길 수도 있다."

―박두용, 한국산업안전보건연구원장


그러나 공단은 정작 중요한 보도자료와 보고서에는 이러
한 설명과 해석을 전혀 담지 않았다. 그 결과 수많은 언론
들이 조사 결과를 오해하여 "림프종 위험은 높으나 백혈병
은 괜찮다"는 틀린 기사들을 보도하기에 바빴다. 이런 보도
들 중에는 "백혈병이 작업환경과 관련되어 있다는 주장은
틀린 것으로 판명났다"는 식의 심각한 왜곡까지 있었다.
　우리는 이런 잘못된 결과 보도의 책임이 분명히 공단에
있다고 본다. 의학 전문가가 아닌 이상, 그 누가 림프종과
백혈병이 구분하기 어려울 정도로 비슷한 질환이며 같은
뿌리에서 기원한다는 것을 알 수 있겠는가. 이런 오해가 불
을 보듯 뻔히 예상되는 상황에서 공단은 보고서나 보도자
료 그 어디에도 문자화된 설명을 붙이지 않았다.

한편, 공단이 내놓은 보고서와 보도자료는 엄연히 백혈병 위험을 시사하는 내용조차 그 의미를 축소하는 방향으로 서술하고 있다.

여성의 백혈병 위험도 분석 결과……, 인사 자료 코호트에서 표준화사망비는 1.48(95% 신뢰구간 0.54~3.22), 표준화암등록비는 1.31(95% 신뢰구간 0.57~2.59)로 일반 인구 집단에 비해 약간 높았으나 통계적으로 유의하지 않았다.

**-보고서 요약본 결론 중**

그러나 여성의 백혈병 사망 위험이 1.48배, 발병 위험이 1.31배 높게 나타났다는 것은 결코 "높았으나 통계적으로 유의하지 않았다"라고 일축되어서는 안 되는 의미 있는 결과이다.

왜냐하면 백혈병이나 림프종은 모두 발병률이 지극히 낮은 질환이기 때문에, 일반적인 방법으로는 '통계적으로 유의미한' 결과를 얻기 어렵기 때문이다. 게다가 이번 역학조사처럼 어느 집단에 위험 요인이 존재하는지를 탐구하기 위한 시작 단계의 연구에서는, 통계적으로 유의미하지 않은 약간의 문제에 대해서도 민감하게 해석하고 의미를 부여하는 것이 옳다.

### 3) 개별역학조사 결과

① 개별역학조사의 허점

2007년 6월에 산재를 신청한 황유미 씨에 이어 2008년 4월 28일에 황민웅, 이숙영, 김옥이, 박지연 씨가 산재 신청을 함으로써 개별역학조사(개인의 업무상 질병에 대한 역학조사)가 이루어졌다. 김옥이 씨와 박지연 씨는 온양공장에서 일을 하다 각각 2005년과 2007년에 급성골수성백혈병에 걸렸으며, 현재 투병 중이다.

이들 5명의 질병에 대한 업무 연관성 판정을 위한 개별역학조사는 본인 및 유족 진술, 회사 제공 자료, 현장 방문, 과거 기록 등을 바탕으로 직업력, 작업 내용, 유해요인에 대한 과거 및 현재 노출 평가 등으로 이루어졌다.

개별역학조사 역시 집단역학조사와 마찬가지로 노동자의 알 권리와 참여권이 제대로 보장되지 않았으며, 이에 따라 사업주의 왜곡과 은폐를 막을 장치가 마련되지 못했다. 개별역학조사는 백혈병이 업무상 질병인지 아닌지를 판단하기 위해 과거 작업환경을 추적하여, 그중에 백혈병에 영향을 미칠 만한 유해요인이 있었는지를 찾아보는 방식으로 이루어진다. 따라서 한국산업안전보건공단은 '중립적'인 입장에서 과거 작업환경에 대한 노동자와 사업주 양측의 진술과 자료를 수집해 검토해야 한다.

문제는 노동자들이 과거의 작업환경에 대해 상세한 정

보와 신뢰할 만한 근거를 제시하기 어렵다는 데 있다. 자신이 사용한 화학물질의 이름조차 제대로 알지 못했고, 5명의 산재 신청 노동자 중 3명은 이미 세상을 떠난 상태였다. 더구나 노동조합조차 없는 사업장에서 그들의 과거 작업환경에 대해 증언해줄 수 있는 동료들이란 결국 회사가 선별해준 사람들일 수밖에 없었다. 따라서 직업력(업무 내용, 작업환경)이나 과거 유해물질 노출 사실에 대해 한국산업안전보건공단은 회사가 제시하는 자료들에 주로 의존할 수밖에 없었다.

과거의 작업환경에서 어떤 유해요인에 얼마나 노출되었는지를 확실히 평가하기란 대단히 어려운 게 사실이다. 이를 위해 한국산업안전보건공단에서는 삼성반도체의 과거 작업환경 측정 결과를 검토하고, 직접 현장을 방문해 유해요인을 평가하는 방식을 채택했다. 그러나 대부분의 사업장들은 작업환경 측정을 할 때 설비 가동을 줄이거나 작업장을 깨끗이 치우기 때문에, 실제 작업환경을 그대로 반영하지 못하고 유해요인을 저평가할 가능성이 높다. 더구나 산업안전보건법에서 지정하고 있는 벤젠이나 방사선 등 몇 가지 물질에 대해서만 측정이 이루어지기 때문에 간헐적인 비정형 업무나 사고로 인한 '순간 고농도 노출', 그리고 호흡기 노출 이외에는 피부 등 다양한 흡수 경로가 고려되지 않는다. 그렇기 때문에 발암물질 노출 가능성을 정확히 파악하기에는 너무도 제한적인 자료만 뽑아낼 수 있을 뿐이다.

이런 문제점을 보완하기 위해서는 발암물질에 노출될 가능성이 있는 다양한 상황을 설정하는 면밀한 조사가 필요하다. 수십 종의 화학물질과 방사선이 고온·고압 환경에서 상호작용을 할 때 발생할 수 있는 부산물이나 발암성의 상승효과 등에 대한 검토가 이루어져야 했던 것이다. 하지만 한국산업안전보건공단은 그럴 의지를 갖고 있지 않았다. 결국 개별역학조사의 목적은 5명의 노동자들의 백혈병이 업무상 질병인지를 가늠하는 것이었지만, 한국산업안전보건공단이 수행한 조사로는 업무상 질병인지 아닌지 결론지을 수 없었다. 애초부터 본래의 목적을 이루기 힘든 방식으로 조사가 이루어진 것이다.

② 역학조사 평가위원회 개최

한국산업안전보건공단의 집단역학조사 결과 발표회 이후 피해 당사자와 반올림은 발표 내용이 피해 가능성을 축소·은폐했다며 반발했다. 비호지킨림프종 발병의 업무 연관성을 밝혔으면서도 같은 계통의 암인 백혈병이 업무와 관련됐을 가능성을 축소했고, 림프종과 백혈병은 같은 계통의 암으로서 동일한 발암물질에 의해 발생했을 가능성이 있는데 이를 명확히 제시하지 않았다며 역학조사 결과를 보완할 것을 요구했다.

반올림은 한국산업안전보건공단 앞 1인 시위와 이사장

면담, 농성 등을 통해 요구 사항을 전달한 결과 다음과 같은 합의 내용을 이끌어냈다고 밝혔다.

첫째, 지난 12월 29일 발표한 집단역학조사 결과에 대한 언론의 왜곡 보도와 관련, 한국산업안전보건공단의 잘못을 인정하고 정정·해명 보도자료를 배포한다.

둘째, 집단역학조사 결과 중 반올림이 지적한 부분을 최종보고서에서 보완하여 수정한다.

셋째, 개별역학조사 자료의 왜곡과 부실을 보완·수정하기 위하여 (유)가족에게 조사 자료 전체를 공개(일부 영업기밀 사항은 제외)하고, (유)가족의 의견을 반영하여 심의보고서를 재작성한다.

넷째, 자료를 검토·수정하여 심의보고서를 작성하기 위하여 20일 예정된 개별역학조사 평가위원회를 연기하고, 이후 (유)가족과 협의하여 평가위원회 일정을 결정한다.

다섯째, 개별역학조사 평가위원회에 (유)가족이 추천하는 2명의 평가위원(산업의학 전문가 등)을 추가한다.

하지만 이러한 내용이 언론에 보도되자 한국산업안전보건공단은 보도자료를 통해 위와 같은 내용은 사실이 아니라고 반박했다. (유)가족 등이 지적한 문제점은 평가위원회에서 심의한 보고서에 이미 반영되어 있고, 보고서에 대한 평가위원회의 심의는 종료되었으며, (유)가족이 추천한 전문가 2명에게 평가위원과 같은 자료를 제공하여 검토하고 평가위원회에서 의견을 개진할 수 있도록 하겠다고 했다. 보고서 내용은 수정할 수 없으며, (유)가족 추천 전문가를 평가위원회에 참석시키되, 발언권만 주고 심의권 등은 주지 않겠다는 것이었다.

이러한 말 바꾸기에 분노한 반올림은 개별역학조사 대상인 5명에 대한 평가위원회가 열리던 2월 25일에 한국산업안전보건공단 앞에서 '삼성반도체 집단 백혈병 산재 인정! 합의 이행 않는 한국산업안전보건공단 규탄 집회'를 열었다.

한국산업안전보건공단 정문 앞에서 규탄 집회가 열리는 가운데 한국산업안전보건공단 회의실 안에서는 드디어 황유미 씨 등 5명의 백혈병이 업무상 질병인지 여부에 대한 개별역학조사 평가위원회가 열렸고 (유)가족들이 추천한 전문가 위원 2명이 참여했다. 2명의 (유)가족 추천 전문가는 한국산업안전보건공단 측의 약속과 달리 심의의결권은 없고 의견진술권만을 부여받은 채로 참여하게 되었다. 그러나 사실상 평가위원회에 모인 그 어떤 평가위원보다 풍부한 근거를 가진 주장을 펼쳤다.

개별역학조사 평가위원회 심의 과정에 제출된 자료에 따르면 현장 조사를 실시하긴 했지만 회사 측이 제공한 자료에 의존해 시료를 채취하는 데 그치는 등 정밀 검사는 이뤄지지 않았다. 일부 위원들이 "조사 내용이 부실하다"며 반발하기도 했으나 결국 조사는 업무 연관성을 규명하지 못한 채 성과 없이 끝났다. 평가위원회에 참석한 한 위원에 따르면 한국산업안전보건공단은 이 자리에서도 업무 연관성에 대한 평가를 내리지 않는 쪽으로 논의를 이끌어갔다고 한다. 일반적으로 한국산업안전보건공단이 산업재해 여부를 결정해 근로복지공단에 통보하면 그 결과를 수용하는 게 관례임에도, 근로복지공단에서 알아서 판단할 것이라며 아예 업무 연관성에 대한 논의 자체를 못하게 했다는 것이다. 이는 명백하게 자신들의 책임 회피이자 근로복지공단이 산재를 불승인할 수 있는 빌미를 제공한 셈이다.

더구나 개별역학조사의 결과를 당사자들에게 통보해주지도 않았다. 수차례에 걸쳐 결과를 공개해 달라고 요청했으나, 회사 영업기밀 등이 담겨 있다며 당사자들에게도 끝내 공개하지 않은 것이다. 이렇듯 무책임한 처사로 일관한 근로복지공단과 한국산업안전보건공단이 불신을 받지 않는다면 그게 더 이상한 일이다.

# 세계 산재 사망 노동자 추모의 날
The International Commemoration Day for Dead and Injured Workers

이숙영, 황민웅 씨의 유족들과 투병 중인 김옥이, 박지연 씨가 2008년 4월 28일에 산재 신청을 한 데는 큰 의미가 있다.

1993년 4월 28일, 바트 심슨 인형을 생산하는 태국의 케이더라는 공장에서 화재가 발생했다. 노동자가 인형을 훔쳐 가는 것을 방지한다며 공장 문을 밖에서 잠가 많은 인원이 사망하고 말았다. 이 사건으로 188명의 노동자가 사망했고 그중 174명은 여성 노동자였다.

1996년 4월 28일, 미국 뉴욕의 유엔 회의장 앞에서 '지속가능한 발전위원회(Committee on Sustainable Development)' 회의에 참석한 국제자유노련(ICFTU)의 각국 노조 대표자들은 당시 사망한 노동자들을 추모하고 산재 사망의 심각성을 알리자는 뜻에서 처음 촛불을 들었다. 이후 국제자유노련과 국제노동기구는 이날을 '산재 사망 노동자 공식 추모일'로 정했으며, 현재 110개 이상의 나라에서 산재 사망 노동자를 추모하는 다양한 직접행동을 벌이고 있다. 캐나다, 브라질, 스페인, 대만 등 13개 나라는 국가가 이날을 공식 기념일로 지정했다.

한국에서는 1988년 7월 2일, 압력계와 온도계를 만드는 공장에서 일하던 열다섯 살 노동자 문송면 군이 수은 중독으로 숨지면서 노동자의 안전과 작업환경에 대한 문제의식이 싹트게 되었다. 그 뒤 1990년부터 민주노조운동이 산업재해, 노동자 건강과 안전에 관한 활동을 펼치기 시작하면서 1990년 7월을 '산재 추방의 달'로 정하게 되었으며, 민주노총은 2002년부터 4월을 '노동자 건강권 쟁취 투쟁의 달'로 정해 행사를 이어오고 있다.

케이더 공장에서 타다 남은 인형

캐나다 노동안전보건센터의 포스터

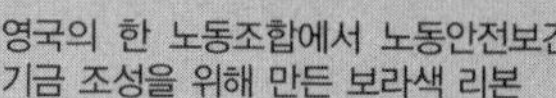

영국의 한 노동조합에서 노동안전보건
기금 조성을 위해 만든 보라색 리본

# 7 산재 불승인

## 1) 자문의사협의회의 허구성

2009년 3월 6일, 한국산업안전보건공단이 개별역학조사 평가위원회의 결과를 근로복지공단으로 송부하면서 반올림은 근로복지공단과 새로운 싸움을 시작했다.

우선 3월 17일과 31일에 근로복지공단 평택지사(기흥공장 관할) 및 천안지사(온양공장 관할)와 면담을 진행했다. 면담에서 평택지사와 천안지사는 개별역학조사 평가위원회의 결과 보고서 내용이 명확하지 않아 근로복지공단의 자문의사기구(자문의사협의회)를 소집해서 다시 판단을 구해보겠다는 입장을 밝혔다. 이에 대해 반올림은 자문의사기구를 소집하는 것은 산재 승인을 회피하기 위한 수단이라며 강하게 비난했다. 그동안 산재 처분을 위해 근로복지공단에서 자주 활용해온 자문의사기구 제도는 해당 주치의가 업무 연관성이 높다고 판정해도 이를 뒤집고 업무 연관성이 없다는 판정을 주되게 해온 매우 반노동자적이고 보수적인 기구라고 주장하며, 자문의사기구를 통한 재

평가에 반대한다는 것을 분명히 밝혔다. 이미 개별역학조사 평가위원회 자체가 전문가들로 구성되었는데, 자문의사기구를 구성한다고 해서 다른 판단이 나오리라고 기대하기 힘든 만큼 애써 고민하는 척하며 시간만 끌지 말고 즉각 산재로 인정할 것을 촉구했다.

이후 천안지사와 평택지사 앞에서 릴레이 1인 시위를 하고 4월 21일에는 민주노총 대회의실에서 '산재 인정 촉구를 위한 삼성전자 직업성 암 피해자 증언대회'를 개최했다. 그리고 다음날인 4월 22일부터 5월 말까지 영등포에 있는 근로복지공단 본부 정문 앞에서 산재 인정을 촉구하는 노상농성을 진행했다.

그럼에도 근로복지공단은 자문의사협의회를 구성했다. 근로복지공단 천안지사와 평택지사에서 동시에 자문의사협의회가 열리던 2009년 5월 15일, 반올림은 기자회견을 열고 자문의사협의회의 허구성을 다음과 같이 밝혔다.

자문의사협의회는 업무 연관성을 판정하는 데 결코 적합하지 않은 기구입니다. 직접 진찰하고 치료하기는커녕 얼굴 한 번 본 적 없는 환자에 대해, 현장에 한 번 가 보기는커녕 웨이퍼가 어떻게 생겼는지, 런이 무엇인지, 유기용제 일사일비(141B)가 무엇인지 모르는 이들이 어떻게 업무 연관성을 판단한다는 말입니까. 심지어 여태까지 단 한 번도 세상에 공개된 적도 없고, 역학조사에서조차 숱한 정보들이 영업기밀이라는 허울 아래 감추어진 삼성반도체의 작업환경에 대해 판단을 하는 문제입니다. 아무리 유능한 전문의라 하더라도 몇 시간 만에 서류 몇 장을 읽고 제대로 판단을 내릴 수 있으리라고 어떻게 기대할 수 있겠습니까. 게다가 업무 연관성에 대해 조사하고 평가해본 적조차 없는 임상 의사들이 말입니다. 이런데도 근로복지공단이 굳이 자문의사협의회를 개최하겠다고 고집을 부리는 이유는 무엇이겠습니까. 삼성반도체 백혈병 피해 노동자들에 대한 산재 판정의 책임을 몇 사람의 전문가들에게 떠넘기려는 얕은 수작 이상도, 이하도 아닙니다.

## 2) 최후진술과 불승인 처분

피해자들은 자문의사협의회가 열리는 날 짧은 시간 동안 최후진술을 했다. 천안지사에서 열린 자문의사협의회에 최후진술을 하기 위해 들어가려던 김옥이 씨는 이날 근로복지공단 직원들에게 떠밀리는 바람에 화분에 어깨를 부딪쳐 부상을 당하기도 했다. 생업 때문에 보호자를 동반하지 못한 김옥이 씨가 삼성백혈병충남대책위 선춘자 위원장을 보호자로 요청해 함께 들어가려는 것을 직원들이 제지하는 과정에서 벌어진 일이었다. 김옥이 씨의 발언을

돕겠다는 것도 아니고, 단지 옆에서 김옥이 씨가 마음을 안
정시킬 수 있도록 보호자 역할을 해주겠다는데 그마저도
가로막느냐는 항의를 받고서야 근로복지공단 측은 선춘자
위원장의 보호자 역할을 인정했다. 백혈병은 사소한 상처
나 충격에도 치명적이기 때문에 이날 근로복지공단 직원
들의 행동은 납득할 수 없는 일이었다. 뿐만 아니라 진술
시간을 짧게 해 달라는 식의 발언을 할 정도로 피해자들을
위하는 모습은 전혀 찾아볼 수 없었다. 피해자 진술 시간을
빼고 고작 20여 분 정도 논의하는 것으로 이날의 자문의사
협의회는 끝이 났다.

김옥이 씨는 자문의사협의회 최후진술에서 다음과 같이
말했다.

> 지금 저는 직업을 가지고 돈을 벌어야 합니다. 일하고
> 싶습니다. 일해야 합니다. 그러나 오히려 저 때문에 가
> 정경제에 파탄이 오고, 가족들은 힘이 듭니다. 이제는
> 검사비조차도 힘듭니다. 의료보험도 안 되는 검사가
> 너무 많습니다. 왜 제가, 제 남편이, 아이들이 고통을
> 당해야 합니까?
> 저는 억울합니다. 열심히 성실하게 회사를 위해 일했
> 습니다. 누구보다도 잘했습니다. 그 대가가 백혈병입
> 니까? 이런 제가 치료비가 없어서 죽어야 합니까?
> 말하지 않아도 잘 알고 계시지요? 백혈병이 얼마나 무

섭고 고통스러운 병인지……, 고액의 치료비가 드는 지……. 백혈병 환자는 병원에 1000~2000만 원 정도의 예탁금을 걸지 않으면 입원조차 할 수 없다는 것을…….

제가 의사 선생님들께 질문 하나 하겠습니다. 10년 전 제가 일했던 환경이나 자료에 대해 다 보셨는지요? 얼마나 알고 계시고 충분히 검토하셨는지요? 제가 일했던 현장에 한 번이라도 가보셨는지요? 피해자인 저에게 사전에 질문 하나라도 하셨는지요? 그러고도 이 자리에서 승인 여부를 판단하실 수 있겠습니까? 제 질문에 의사로서 부끄럼 없이 대답하신다면 선생님들의 결정에 따르겠습니다.

1년 넘게 전문가들이 역학조사를 했고, 결정을 내리지 못했습니다. 그런데 지금 선생님들이 며칠, 몇 장의 자료만으로 어떻게 판단할 수 있겠습니까? 선생님들의 가족이어도 이렇게 처리하겠습니까? 환자들의 고통과 아픔과 고액의 치료비 현실을 누구보다도 옆에서 보시는 선생님들 아닙니까? 말도 안 되는 논리를 내세우는 공기관에 명예를 팔고, 양심을 파는 선생님들이 되지 않기를 바랍니다.

앞으로 피해자들은 계속해서 나옵니다. 제가 작년 4월에 산재 신청할 때만 해도 저 혼자였습니다. 그러나 지금은 저와 함께 일했던 동료 중 2명의 피해자가 더 나

왔습니다. 도대체 얼마나 많은 피해자들이 죽고, 고통
당해야 합니까?

이런 상황 속에서 이런 말도 안 되는 자문의사협의회
를 열고, 역학조사 자료를 왜 공개하지 않는지……. 최
소한, 당연히 당사자에게만이라도 공개해야 되지 않겠
습니까? 당사자 김옥이가 죽었습니까? 장님이라서 못
봐서 안 보여줍니까? 저는 지금이라도 제 권리를 찾겠
습니다. 역학조사 자료를 지금 공개하든지, 공개하지
않는다면 이 자리에서 꼼짝하지 않겠습니다.

제가, 박지연 씨가 이 자리에 나온 이유는 하나입니다.
살고 싶다는 거, 치료비가 없어서 치료 못 받고 죽고
싶지 않아서입니다. 이런 마음, 이런 현실을 여러분들
은 아시나요? 그런데 제가 더 분하고 화가 나는 건 지
금 앞에 계신 의사 선생님들의 몇 글자에 저의 모든 걸
걸어야 한다는 것입니다. 불승인은 저에게, 지연 씨에
게 죽으라는 사형선고나 마찬가지입니다. 지금 사형선
고 받으러 이 자리에 나와 앉아 있습니다. 이 심정 짐
작이나 하시겠습니까?


이렇듯 가슴 저미는 절규에 가까운 호소에도 불구하고 근
로복지공단은 자문의사협의회를 마지막 절차 삼아 결국 5
명 모두에게 산재 불승인 처분을 내렸다. 그날 오후에 이미
모든 결정을 내린 다음 피해자와 (유)가족들의 대리인인 이

종란 노무사(민주노총 경기법률원 소속, 반올림 활동가) 앞
으로 불승인 처분 통보서를 등기우편으로 발송한 것이다.

통보서에는 "동 질병이 업무상 질병에 해당하는지 여부
를 확인하기 위해 관련 자료와 한국산업안전보건공단의 역
학조사 결과보고서, 우리지사 자문의사회의 결과, 구 산업
재해보상보험법 시행규칙 제39조 1항[별표1] 등을 종합적
으로 검토한 바", "재해자의 백혈병은 업무와 인과관계가
낮다고 판단되어 귀하의 최초요양급여 신청에 대하여 불승
인함을 알려드립니다"라고 되어 있으며 "만약, 이 결정에
이의가 있을 경우에는 위 결정이 있음을 안 날로부터 90일
이내 행정법원에 행정소송을 제기할 수 있으며, 또는 우리
지사를 경유하여 우리공단 산재심사실에 심사청구를 제기
하실 수 있음을 알려 드립니다"라는 말을 덧붙여 놓았다.

이로써 근로복지공단은 딱딱한 행정 서식과 건조하기 짝
이 없는 몇 줄의 문장으로 피해자와 (유)가족들의 가슴에
씻을 수 없는 배반감과 상처를 주었다. 동시에 노동자들보
다는 기업을 위해 일한다는 오명을 스스로 뒤집어쓰고 말
았다.

**업무상질병판정위원회**는 산업재해보상보험법 개정을 통해 2008년 7월 1일부터 도입된 제도다. 근로복지공단 산하기관으로 서울, 부산, 광주, 인천, 대구, 대전에 설치되어 있다. 각 지역별로 구성된 50여 명의 판정위원 중 개별 산재 승인 심사에 위원장 1명, 위원 6명을 선임하여 업무상 질병의 산재 여부를 심사한다.

근로복지공단 각 지사에서 업무상 질병 여부를 판단해 오던 것을 객관성과 전문성을 높이기 위해 새로 설치했다고 하지만, 오히려 출범 직후부터 산재 불승인 비율이 높아지고 있어 산재 불승인을 위한 기구라는 비판을 받고 있다. 실제 연도별 산재 승인율은 2008년 62.5%에서 2009년 7월 54.1%로 뚝 떨어진 반면 불승인율은 2008년 37.5%에서 2009년 7월 45.9%로 높아졌다. 2009년 국정감사에서 민주당 김상희 의원은 산재 불승인의 원인으로 실행되지 않는 판정위원 기피제도, 실적이 미미한 신청인 의견진술 제도 활용, 판정위원에게 부실하게 제공되는 심의자료 및 심도 있는 검토가 불가능한 물리적 시간 등을 꼽았다.

**자문의사협의회**는 근로복지공단에서 만든 일종의 자문기구이다. 그러나 지금까지 자문의사협의회는 사실상 산재 노동자들에게 강제로 치료 종결을 통보하는 역할을 해왔다. 이로 인해 산재로 고통 받던 노동자들이 자살한 사례도 끊임없이 발생했다. 장기 요양의 원인을 산재 환자들의 도덕적 해이로 몰아 일방적

통보로 결정하는 '강제요양종결'은 치료의 기회마저 박탈해버렸다. 주치의의 소견과 환자의 상태를 무시한 자문의사협의회의 결정은 공단의 산재보험 재정 합리화라는 명목으로 수많은 산재환자들에게 큰 고통을 주었다.

＊2008년 7월 1일 산업재해보상보험법 시행규칙이 개정된 이후 '자문의사협의회'는 산업재해보상보험법 시행령의 제43조에서 공시하는 '자문의사회의'로 명칭이 변경되었다.

## 연도별 산재 승인 · 불승인 현황

단위 : 명, %

| 연도 | 신청 | 승인 | 승인율 | 불승인 | 불승인율 |
|---|---|---|---|---|---|
| 2004년 | 11,637 | 9,183 | 78.9 | 2,454 | 21.1 |
| 2005년 | 10,759 | 7,495 | 69.7 | 3,264 | 30.3 |
| 2006년 | 14,926 | 10,235 | 68.6 | 4,691 | 31.4 |
| 2007년 | 17,270 | 11,472 | 66.4 | 5,798 | 33.6 |
| 2008년 | 15,562 | 9,734 | 62.5 | 5,828 | 37.5 |
| 2009년 7월 | 8,691 | 4,706 | 54.1 | 3,985 | 45.9 |

출처–김상희 의원실

# 8 또 다른 피해자들

## 1) 반도체 공장—송창호 씨의 사례

### ① 비호지킨림프종 발병

2008년 10월 7일 국회환경노동위원회(위원장 추미애)는 삼성반도체 집단 백혈병 발병 문제에 대한 국정감사를 실시했다. 국정감사장에는 삼성전자 온양공장에서 일하다 백혈병에 걸린 김옥이 씨와 기흥공장에서 일하다 백혈병에 걸려 사망한 황민웅 씨의 부인 정애정 씨가 참고인으로 출석해서 발언하기도 했다. 이들은 작업환경의 위험성 및 백혈병과의 상관관계에 대해 생생한 증언을 했다. 삼성전자에서도 안재근 전무 등이 나와 의원들의 질문에 답변을 했지만, 작업현장과 백혈병 발병은 무관하다는 말만 되풀이했다.

한편 이날 노동부 국정감사에서 김상희 민주당 의원은 한국산업안전보건공단의 자료 등을 토대로 삼성전자 반도체에서 18명, 하이닉스반도체에서 9명의 백혈병, 림프종 환자가 발생했다고 주장했다.

삼성전자만이 아니라 다른 반도체 공장에서도 백혈병 환자가 발생했다는 것은 그만큼 반도체 공장이 위험한 작업장이라는 것을 반증하는 사례인 셈이다.

야당 의원들의 추궁과 피해자들의 증언이 이어졌지만 일회성 국정감사만으로 진실을 파헤치기에는 역부족일 수밖에 없었다. 그런데 이날 이루어진 국정감사 보도를 유심히 보던 사람이 있었다. 삼성반도체 온양공장에서 일하다 병에 걸려 투병 중이던 송창호 씨다. 송창호 씨는 국정감사 내용을 보고서야 자신이 걸린 병이 공장에서 일하다 유해물질에 노출되어 생긴 직업성 암이라는 사실을 깨달았다. 더구나 송창호 씨는 김옥이 씨와 같은 시기에 입사해 함께 일했다. 송창호 씨는 1991년 삼성반도체 온양공장에 입사해서 1998년 퇴사 당시까지 도금공정에서 일하며 각종 화학물질을 취급했다고 한다. 그러다가 2008년 4월 병원에서 비호지킨림프종의 일종인 악성 B세포림프종 판정을 받고 현재 항암 치료를 받고 있다.

② 산재 불승인 판정

2008년 11월에 산재 신청을 한 송창호 씨가 걸린 병은 한국산업안전보건공단이 실시한 집단역학조사 결과보고서에서 발병률이 높다고 발표한 비호지킨림프종이다. 따라서 당연히 산재 승인이 나야 했다. 하지만 그동안 근로복지공단과 한국산업안전보건공단이 보여준 태도를 볼 때 결과를 낙관하기는 힘들었다. 한국산업안전보건공단이 2009년 2월 12일에 삼성반도체 온양공장에서 실시한 현장역학 조사에 참여한 송창호 씨는 본인이 근무하던 때와 현장이 한 군데도 같지 않다면서, 전문위원의 참여를 보장하여 투명성과 신뢰성을 높여 달라고 했지만 한국산업안전보건공단 측은 송창호 씨의 당연한 요구를 거절했다.

단국대학교 의과대학 산업의학 전문의 김현주 교수는 전문가로서 한국산업안전보건공단에 제출한 송창호 씨의 발병에 대한 의견서에서, 송창호 씨가 세척 작업을 한 것은 아니지만 같은 공간에서 트리클로로에틸렌(TCE)을 묻혀서 세척 작업을 한 후 쌓아 놓은 면봉 등에서 공기를 통해 호흡기로 상당히 노출되었을 것으로 보인다고 했다. 장기간의 교대근무로 인해 암 발생 억제 호르몬인 멜라토닌의 분비가 저하된 상태에서, 인간에게 림프종을 유발한다고 알려진 트리클로로에틸렌과 동물실험에서 림프종을 증가시킨다고 알려진 납에 노출되어 왔다는 점, 즉 림프종 발생과 관련된 세 가지 유해인자에 복합적으로 노출되었다는 점에서 업무 연관성이 높다고 판단한 것이다.

2009년 9월 2일, 송창호 씨의 비호지킨림프종이 업무상 질병인지를 판정하는 대전 지역 업무상질병판정위원회가 열렸다. 그런데 그날 회의에 앞서 놀라운 사실이 밝혀졌다. 심의자료에 반도체 조립공정 노동자의 림프종 발병률이 일반인에 비해 높다는 중요한 내용이 담긴 '집단역학조사 결과' 가 빠져 있었던 것이다. 앞서 열린 비공개 전문가 소위원회(혈액종양내과 전문의 2명, 산업의학과 전문의 1명으로 구성)에서도 마찬가지였다고 한다.

심의에 앞서 증언을 하러 간 송창호 씨와 대리인인 김민호 노무사가 업무상질병판정위원회 관계자와 대화를 하던 중 이러한 사실을 알게 되었다. 기가 막힌 두 사람은 그 자리에서 회의를 보류하고 전문가 소위원회부터 다시 열 것을 주장했다. 항의 끝에 두 사람이 함께 회의에 들어가 판정위원들에게 중요 자료가 누락된 사실을 알리고, 자세한 설명을 했다. 당사자의 진술을 들은 판정위원들은 새로운 사실에 관심을 보이며 집단역학조사 자료를 보여 달라고 해서 읽어보기도 했다. 하지만 심의 결과는 마치 사전에 각본이라도 짜놓은 것처럼 산재 불승인 처분으로 결론이 났다.

업무상질병판정위원회 관계자들은 끝까지 집단역학조사를 실시했다는 사실을 몰랐다는 변명으로 어물쩍 넘어가려 했다. 비호지킨림프종 발병률이 반도체 조립공정 여성 노동자의 경우 일반인보다 무려 5.16배나 높은 것으로 나타난 한국산업안전보건공단의 집단역학조사 결과는 당연히 송창호 씨에 대한 업무상질병판정위원회 심의에 반영이 되었어야 했다. 그럼에도 그런 사실을 몰랐다는 말을 아무렇지도 않게 늘어놓는 뻔뻔함을 어떻게 이해해야 하는가? 몰랐던 게 아니라 일부러 빠뜨렸다는 게 진실에 더 가깝지 않겠는가!

## 2) LCD 공장－한혜경 씨의 사례

### ① 소뇌부 뇌종양 발병

삼성반도체 온양공장에서만 김옥이, 박지연 씨 이후에 송창호 씨가 림프종에 걸렸고, 송창호 씨와 비슷한 시기부터 근무한 이○○ 씨가 올해 초 또다시 림프종으로 수술을 받았다고 한다. 이렇듯 피해자가 계속 나오고 있고, 잠복기 등에 따라 앞으로 얼마나 더 많은 환자가 나올지 모르는 상황이다.

반도체 공장은 아니지만 반도체와 사용물질 및 제조공정이 거의 흡사하여 반도체와 쌍둥이라고 불리는 LCD 생산부서에서 일하던 한혜경 씨는 소뇌부 뇌종양(상의세포종)이라는 희귀병에 걸려 투병하고 있다.

1995년 10월, 열아홉 살에 삼성전자 기흥공장 LCD 생산직 노동자로 입사한 한혜경 씨는 제대로 휴식을 취할 수 없는 3조 3교대 근무, 막대한 생산 물량을 채우기 위한 연장·야간근무에 시달렸다. 고된 노동으로 인해 입사한 지 3년이 되던 해부터 원인을 알 수 없는 '무월경' 상태가 계속되었다. 이 때문에 호르몬 주사를 맞기도 했는데 낫지 않아 결국 2001년 8월경 퇴사했다.

퇴사 직후에는 마트에서 아르바이트를 했으나 당시 몸이 매우 좋지 않아 늘 감기를 달고 살았다. 그때는 그냥 단순한 감기로 생각했고, 미처 정밀 검사를 받아볼 생각을 하지 못했다.

퇴사 후 2~3년이 지나자 앞도 잘 안 보이고 균형 감각을 잃어 잘 넘어지는 증상이 나타났다. 증상이 점점 심해지자 2005년 10월 초에 춘천 소재 인성병원에 가서 MRI 촬영을 했는데 이때 '소뇌부 뇌종양' 판정을 받았다.

당시 주치의가 분당 서울대학교병원으로 수술 소견을 넘겨줘 2005년 10월 19일에 분당 서울대학교병원에서 뇌종양 제거 수술을 받았으며, 수술 후 4개월간 입원 치료를 받은 후에는 다시 춘천의 재활 병원에서 재활 치료를 받았다. 뇌종양을 다 제거하면 식물인간이 될 수도 있다고 해서 다 제거하지는 못했다. 현재 한혜경 씨는 지체장애 1급 판정을 받았으며, 언제 다시 뇌종양이 활성화될지 모르는 불안한 상태이다.

수술 당시 의사는 뇌종양의 크기가 매우 큰 것으로 보아 최소한 7~8년 전부터 자라기 시작한 것으로 판단된다고 했다. 그렇다면 그 시기는 한혜경 씨가 공장에서 일을 하고 있을 때다.

지난 5년 동안 뇌 손상으로 인해 휠체어 없이는 움직일 수 없는 몸이 되었으며, 혼자서 앉지도 못하고 제대로 말하지도 못한다. 눈도 거의 보이지 않는다. 슬퍼도 눈물이 나지 않으며, 음식의 맛도 느끼지 못한다. 이러한 육체적, 정신적 고통의 원인은 무엇인가? 왜 한혜경 씨는 20대의 젊은 나이에 뇌종양 판정을 받아야만 했을까?

② LCD 제조공정의 위험성

한혜경 씨는 근무 당시 주로 납 성분의 솔더(Solder) 크림과 이소프로필알코올(IPA) 등 각종 유기용제를 취급했다고 한다. 작업자 개인으로서는 미처 파악할 수 없는 여러 유해환경에 노출되었던 것이다. 삼성전자 입사 전인 학생 때부터 입사 이후 발병 때까지 술이나 담배를 전혀 하지 않았으며, 가족 중에 암에 걸린 사람도 없다. 한혜경 씨가 유해환경에 노출되었다면 결국 각종 화학물질과 유해요인이 존재하는 LCD 작업장을 떠올릴 수밖에 없다.

삼성전자 기흥공장에 있던 LCD 생산부서는 한혜경 씨가 퇴직한 후 모두 천안으로 이전했다. 무엇보다 10년 전 작업환경과 현재의 작업환경이 같지 않을 수도 있다. 따라서 역학조사가 이루어지더라도 당시 어떤 물질을 어떻게 사용했고 그것이 인체에 어떻게 작용했는지를 명확하게 입증하기 어려울 수도 있다.

더 안타까운 것은 고 황민웅 씨의 4주기 추모제가 진행되고 있던 날인, 2009년 7월 23일에 또 한 명의 노동자가 목숨을 잃었다는 제보가 들어왔다는 사실이다. 천안에 있는 삼성전자 LCD 공장에서 일하던 스물여덟 나이의 꽃다운 청년이 종격동암이라는 희귀병에 걸려 1년 3개월간 투병을 하다 숨졌다고 한다. 그 청년은 삼성전자에 입사하여 3년 3개월간 설비·생산부서에서 일을 했으며, 야간근무도 많이 한 것으로 알려졌다. 암과 관련한 가족력이 없음은 물론이다. 한혜경 씨와 마찬가지로 LCD 공장에서 일했다는 사실로 미루어볼 때 LCD 제조공정 역시 안전을 보장받지 못하고 있음을 알 수 있다.

### 3) 노동자들의 권리, 산재보험

이와 같은 사례는 앞으로도 계속 나올 것이다. 삼성전자는 물론이고, 다른 반도체 공장뿐만 아니라 유해물질을 다루는 수없이 많은 전국의 사업장에서 원인 모를 병으로 고통 받고 있는 노동자들이 얼마나 되는지, 앞으로 얼마나 더 발생할지 아무도 모른다. 하지만 이러한 비극이 결코 일회성이거나 불운(?)을 타고난 몇 명으로 그치지 않으리라는 사실은 분명하다.

일터에서 건강과 목숨을 잃은 노동자들은 최소한의 치료와 보상을 받을 권리가 있다. 이런 권리는 산재보험제도로 실현된다. 사회보험인 산재보험제도는 노동자가 마땅히 가져야 할 '최소한의 치료와 보상 받을 권리'를 보장하기 위해 만들어진 제도이다. 이들의 질병이 업무와 관련되지 않는다는 확실한 증거를 찾지 않는 한, 근로복지공단은 지체 없이 노동자의 질병을 산업재해로 인정하고 보상해야 한다.

# \# 산재 신청 절차

## | 산재 신청 |

일단 업무상 재해가 발생하면 산재지정의료기관에서 응급조치를 받아야 한다. 그 후 요양신청서를 작성하는데 재해자의 인적 사항, 재해 목격자, 사고 경위 등을 기재하고 사업주와 신청인 날인을 해야 한다. 병원에 제출하여 요양신청서 뒷면에 의사 소견서를 작성한 후 사업장 소재지 관할 근로복지공단 지사와 병원, 회사에 각 한 부씩 제출한다.

또한, 업무상 질병(일부 상병 제외)은 업무상질병판정위원회에서 심의한다. 신청서를 제출받은 소속기관장은 업무상 질병에 대하여 7일 이내에 판정위원회에 심의를 의뢰하고, 판정위원회는 20일 이내에 심의하여 그 결과를 해당 소속 기관장에게 통지하도록 하고 있다.

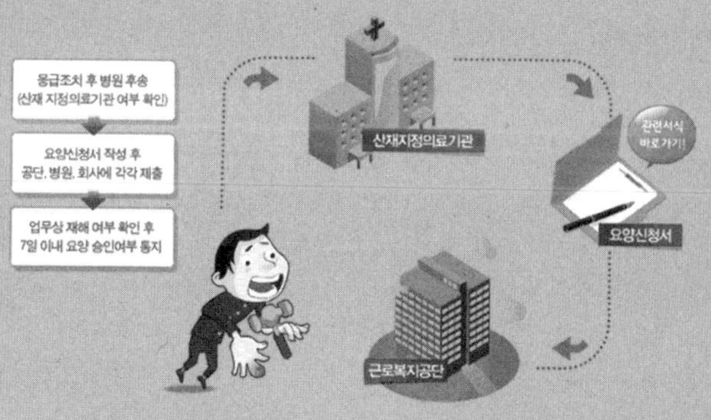

## | 재해 여부의 승인과 결정 |

업무상 사유에 의한 재해 여부가 명확한 경우에는 7일 이내에 요양 승인 여부 결정을 통지하는데, 업무 내용이나 사고 경위 등에 대한 구체적 사실관계 확인이 필요할 때는 처리 기간이 지연될 수 있으며 업무상 질병의 경우 업무와의 인과관계 확인에 오랜 기간이 소요되기도 한다.

## | 불승인 통지에 관한 이의 신청 |

만일 요양 불승인 처분을 받았을 경우 이의가 있을 때 처분이 있음을 안 날로부터 90일 이내에 처분지사를 경유하여 공단 산재보험심사위원회에 심사청구하거나 관할 행정법원에 행정소송을 제기할 수 있다. 그러나 업무상질병판정위원회의 심의를 거쳐 불승인이 결정된 경우에는 심사청구를 할 때, 노동부의 산재보험재심사위원회에 해야 한다는 점이 다르다.

# 9 끝나지 않은 싸움

## 1) 심사청구 제기

근로복지공단이 산재 불승인 처분 결정을 내리자 반올림은 항의성명을 내고 이러한 결정을 받아들일 수 없으며 앞으로도 계속 싸움을 이어갈 것임을 분명히 했다. 특히 산재 불승인 처분 결정에는 보이지 않는 권력인 삼성의 힘이 작용했다고 보고, 다음과 같이 삼성을 규탄하는 내용을 담았다.

처음부터 삼성반도체 백혈병 진상규명과 산재 인정 투쟁은 정부 기관인 노동부와 근로복지공단을 상대로 한 투쟁의 측면뿐만 아니라 본질적으로 선출되지 않은 권력 '삼성'을 상대로 한 투쟁일 수밖에 없었다. 이미 정부 기관들과 권력자들이 삼성의 검은돈으로 부패하고 타락했다는 것은 새삼스러울 것이 없는 사실들이기 때문이다.

게다가 처음 산재 신청을 했을 때부터 노동부는 노골

적으로 '삼성 편'을 들었다. 노동부는 처음부터 대책위에게 국가 경제의 일등 공신이라 불리는 삼성반도체의 이미지가 훼손되지 말아야 한다는 점을 강조했다. 이를 확인해주듯이 근로복지공단이 삼성반도체 백혈병 산재 신청 사건을 대하는 태도는 초지일관 유별났다. 근로복지공단 천안지사와 평택지사 담당 조사관들은 대책위와 피해 당사자들이 아주 사소한 산재 신청 경과를 묻는 것조차 대답을 회피했다. 오히려 우리보고 '자신들도 힘들다. 자신들이 아무런 말도 할 수 없는 걸 다 아시지 않느냐'면서 대놓고 이 사건이 얼마나 조심스러운 사건인지를 역설했다.



근로복지공단은 그동안 삼성의 대리인 역할을 해왔을 뿐이라는 게 반올림의 판단이다. 사실 중소기업체에서 이런 일이 벌어졌다면 이토록 힘들게 오지도 않았을 것이다. 복잡한 의학적 판단에 앞서 보통 사람이라면, 누구나 갖고 있는 상식의 눈으로 보면 크게 따지고 말고 할 것도 없는 단순한 사안이 분명하기 때문이다. 삼성이 갖고 있는 막강한 힘을 넘어선다는 게 얼마나 어려운 일인가를 절감하는 계기가 되기도 했지만, 그러하기에 더욱 포기할 수 없다는 사명감을 반올림 활동가들에게 심어주기도 했다.

반올림은 근로복지공단의 결정을 받아들일 수 없다며 7

월 21일에 심사청구를 제기했다. 심사청구란 행정기관에 대해 위법 또는 부당한 처분에 대한 심사를 구하는 행정쟁송 절차다.

반올림은 "백혈병 피해자 5명의 산재 불승인 처분은 명백한 전체 반도체산업 노동자들의 건강권 폐기였다"며 근로복지공단 스스로 잘못을 인정하고 불승인을 전원 승인으로 결정할 것을 촉구했다. 또 피해자들은 2008년 7월 이전에 산재 신청을 해 '명백한 반증이 없는 한 이를 업무상 질병으로 본다' 는 구법 적용을 받아야 하는데 공단은 이 법조항을 어겼다고 지적했다. 이어 "근로복지공단이 필요하지 않은 자문의사협의회를 굳이 개최해 참가 의사들조차도 업무상 질병이라고 볼 수 없는 명백한 반증이 없다고 밝혔지만 이런 의견은 공단에 의해 무시되었다"고 주장했다.


## 2) 반도체 노동자의 건강과 인권을 위한 공동행동

반올림은 관계 기관에 꾸준히 항의함과 동시에 현장 소통을 위한 직접행동에 나섰다. 먼저 7월 21일부터 23일까지 2박 3일 동안 '반도체 노동자의 건강과 인권을 위한 7월 공동행동' (이하 반달 공동행동)을 계획하여 실행에 옮겼다. 첫째 날은 기자회견에 이어 오후에는 삼성반도체 온양공장 앞으로 이동해서 집회와 선전전을 했다. 이어 둘째

날인 22일에는 이천의 하이닉스반도체 공장 앞에서 출근
선전전을, 점심시간에는 부천의 페어차일드와 동부하이텍
공장 앞에서 선전전을, 그리고 저녁에는 수원에서 촛불 문
화제를 열었다. 여러 사업장을 돌아다니며 선전전을 한 이
유는 백혈병 문제가 결코 삼성반도체만의 문제가 아닌 전
체 반도체 노동자들의 건강권을 지켜내기 위한 싸움이며,
그러기 위해서는 전체 반도체 노동자들의 연대가 필요하
다는 사실을 알리기 위해서였다.

　마지막 날인 23일에는 삼성반도체 기흥공장 앞에서 선
전전을 했다. 그리고 마무리 행사로 23일 저녁에 수원시
영통구에 있는 삼성전자 정문이 바라보이는 매여울근린공
원에서 고 황민웅 씨 4주기 추모제 행사를 열었다. 행사

참석자들은 선전전을 할 때 다른 사업장에 비해 유독 삼성 사업장 앞에만 가면 회사 측이 방해를 한다며 분통을 터뜨렸다. 점심시간이나 교대시간에 맞춰가도 직원들이 보이지 않거나 회사 측 차량으로 행사 현장이 보이지 않도록 에워싼다고 했다. 삼성 노동자들에게 유인물 한 장 제대로 건네기도 힘든 상황이야말로 삼성에 노동조합이 필요한 이유를 그대로 설명해주는 것이라 하겠다.

추모제 행사라 상복을 입고 나온 고 황민웅 씨 부인 정애정 씨는 마이크를 잡고 반달 공동행동에 참가한 소감을 말하면서 "황민웅 세 글자만 들어도 아직 가슴이 떨리고 눈물이 난다"고 했다. 발언을 마친 뒤에 정애정 씨는 황민웅 씨를 생각하며 쓴 시를 낭독했다.

마음이 저리도록 아픕니다!

마지막 떠나던 날에
지그시 감은 님의 눈에는
한 방울의 눈물이 맺혔습니다.

그 한 방울의 눈물은
끝까지 함께하지 못해 미안해!
울 보석들을 부탁해!
많이 고맙고 사랑해!

그리고 못다 한 한마디
나 억울해 미칠 것 같아!
내 고막이 터지도록
고래고래 소릴 지르고 있었습니다.

삼성에 희망을 걸고
내 꿈을 키운 대가치곤
너무 무섭다고
인정받기 위해
무리한 잔업도
위험한 작업환경도
마다하지 않았다고
난 그렇게 죽어라 일한 죄밖에 없다고……
님은 그렇게 억울한 마음을
한 방울의 눈물에 담고 있었습니다.

항암 치료에 민둥머리가 되어도
참 멋있는 31세의 님이었습니다.

비록 육신의 님은 떠났어도
님의 정신은 나를 통해
썩어 빠진 정부의 관리들에게
기름진 창자만 살찌우는 기업가들에게

노동자의 무서움을 보여줄 것입니다.

아빠라는 단어보다 죽음이라는 단어를
먼저 알아야 했던 어린 자식들에게
끝까지 멋진 님으로 남을 수 있도록
겁을 상실한 이 엄마가
대한민국에 물을 것입니다!

-정애정, 「님」 전문


## 3) 생존권을 위한 절박한 싸움

정애정 씨와 황민웅 씨는 사내 커플로 만나 결혼했으며, 발병 전까지 누구보다도 행복한 가정을 꾸렸다. 정애정 씨는 남편을 혈기왕성하고 감기도 잘 안 걸리는 사람이었다고 기억했다. 혹시라도 감기 기운이 있으면 미리 약을 사서 먹을 정도로 몸을 챙겼다고 한다. 그러다가 결혼 3주년 기념일 하루 전날인 2004년 10월 27일에 황민웅 씨가 수원 아주대학교병원 응급실에 입원해 급성림프구성백혈병이라는 진단을 받게 되었다. 위급한 상태라는 말에 바로 응급실에서 항암 치료를 시작했으며, 무균실 입원 절차를 밟았다. 그 후 일주일 뒤에 정애정 씨는 임신 5주 진단을 받았다. 유독 아이 욕심이 많았던 두 사람이었지만 상황이 상황

인지라 즐거워할 수만은 없었다. 여러 차례의 항암 치료로 인해 합병증이 오고 심장 쇼크로 생사를 넘나들면서 황민웅 씨는 지칠 대로 지쳐갔다. 정애정 씨 역시 오랜 간병으로 심신이 극도로 피곤했으며, 그 와중에도 정애정 씨의 배는 점점 불러왔다.

첫 번째 골수이식이 무산된 이후 일본에서 골수 수여자가 나왔다는 얘기를 듣고 두 사람은 만삭의 배를 끌어안고 기쁨과 설움에 복받친 눈물을 흘렸다. 골수이식을 받기 전에 정애정 씨는 예쁜 아이를 낳고 오겠다며 병실을 떠나왔고, 수술로 힘들게 둘째를 낳았다. 황민웅 씨는 의사의 만류에도 불구하고 외출 허락을 받아 둘째의 얼굴을 보러왔다. 당시에는 정애정 씨도 수술 직후라 정신이 없었고, 황민웅 씨도 워낙 기력이 달려서 말하는 것조차도 힘들어하는 바람에 서로 이야기도 나누지 못했다.

며칠 뒤 몸조리를 하고 있던 정애정 씨에게 황민웅 씨가 위급하다는 연락이 왔고, 황급히 병원으로 갔을 때 황민웅 씨는 중환자실로 내려가고 있었다. 그리고 10일 후, 황민웅 씨는 골수이식 수술도 받지 못한 채 부인과 두 아이를 남겨두고 다시는 돌아오지 못할 세상으로 떠났다.

그 뒤 오로지 아이들을 위해 살겠다며 이를 악물고 앞만 보고 달려가던 정애정 씨는 인터넷에서 삼성반도체 집단 백혈병 발병의 진상을 밝히고자 하는 대책위가 꾸려졌다는 것을 알게 되었다. 그리고 또 다른 피해자 가족들이 많이 있다는 것도 알게 되었다. 이때부터 정애정 씨는 반올림과 함께하며 삼성과 근로복지공단에 맞서 백혈병 발병의 진상을 밝히기 위한 활동에 앞장서기 시작했다.

황유미 씨의 부친 황상기 씨는 말할 나위도 없다. 삼성 반도체 집단 백혈병 발병 문제가 공론화될 수 있었던 데는 황상기 씨의 노력이 매우 큰 비중을 차지하고 있다. 지금도 황상기 씨는 속초에서 개인택시 영업을 하면서도 반올림의 행사나 집회가 있으면 빠짐없이 참석을 한다. 생업보다 반올림 활동에 더 열성을 바치고 있다고 할 수 있다.

피해자 가족들의 가슴에 맺힌 한이 풀리기 전에는 결코 싸움이 끝나지 않을 것이다. 유족뿐만 아니라 지금도 투병 중인 김옥이, 박지연, 송창호, 한혜경 씨 등이 치료라도 마음 놓고 받을 수 있는 날이 올 때까지, 아니 전체 반도체 노동자들이 안전한 작업환경 속에서 노동을 할 수 있는 조건이 만들어질 때까지 질긴 싸움이 이어질 것이다. 노동자의 건강권은 곧 생존권이며, 무엇과도 바꾸거나 양보할 수 없는 소중한 인권의 출발점이기 때문이다.

‘죽은 자를 위한 추모, 산 자를 위한 투쟁’, 황민웅 씨 추모제에 사용한 현수막의 문구처럼 이 싸움은 더 이상 죽을 수 없다는 절박함에서 비롯된 것임을 기억할 필요가 있다.

# ＃ 반달 공동행동

　'반달 공동행동'은 '반(도체 노동권을 향해) 달(리다)'라는 뜻이다. 반달 공동행동은 "건강하게! 인간답게! 노동자답게!"라는 구호를 내걸고, 7월 21일 근로복지공단 앞에서 기자회견을 하는 동시에 산재 불승인 처분에 대해 심사청구서를 제출하는 것으로 시작했다.

　반달 공동행동의 목표는 '기업과 국가의 경쟁력을 위해 노동자들의 건강권과 노동권을 짓밟아온 반도체·전자산업의 질주에 제동을 걸고, 자본의 이윤을 위해 유해물질에 대한 규제를 완화하고 노동재해와 환경오염에 눈감는 정부의 잘못을 바로잡는 것이다.

# 10 삼성반도체 백혈병 투쟁, 그 이후

## 1) 성과

### ① 노동자 건강권에 대한 인식 전환

삼성반도체 집단 백혈병 문제에 대한 투쟁이 가져다 준 성과는 무엇보다도 반도체산업이 결코 청정산업이 아니며 인체에 매우 유해한 물질을 다루는 첨단 위험 산업이라는 사실을 널리 알린 데 있다. 화려한 이미지 뒤에 가려진 진실을 밝혀냈다는 것, 나아가 반도체 사업장과 노동부 등에서 반도체 노동자들의 건강과 안전 확보에 조금이나마 신경을 쓰도록 했다는 점에서 성과를 찾을 수 있다.

실제로 삼성반도체 측에서 시설 개선에 나서고, 노동부와 한국산업안전보건공단은 국내 최초로 전문가들로 구성된 컨설팅단(자문단)의 지원을 받아 2009년 6월부터 9월까지 사업장에서 반도체 업체 산업보건 위험성 평가를 자율적으로 추진하겠다고 밝혔다. 2008년에 실시한 집단역학조사의 후속 조치로서, 림프조혈기계 질환 발생자가 많았던 3개 업체(삼성전자, 하이닉스, 앰코테크놀로지)의 6

개 공장을 대상으로 산업보건 전문가로 구성된 컨설팅단
의 자문을 받아 사업장에서 자율적으로 추진한다는 것이
었다. 이와 함께 반도체 사업장의 위험도를 재평가하고 환
자-대조군 연구 등 분석역학적 심층 연구를 2019년까지
추진하겠다는 방안도 내놓았다. 얼마나 실효성 있게 진행
될지는 모르지만, 일단 반도체 사업장이 지니고 있는 위험
성에 대해 자각하고 노동자들의 건강권 확보를 위해 노력
하는 계기가 될 수 있기를 바란다.

이와 함께 2009년 4월 9일에 노동환경연구소와 전문가,
시민단체가 모여 '발암물질 정보센터 및 발암물질 감시 네
트워크'를 발족했다. 이들은 발암물질 제조·유통·사용·
폐기 현황 분석, 정확한 정보 생산과 소통, 발암물질 사용
금지 및 대체물질 사용 운동을 전개할 계획이라고 한다. 이
러한 움직임들이 발암물질과 직업성 암에 대한 사람들의
인식을 높여줄 수 있기를 기대한다.

## ② 국제연대 활동

아직은 미미한 단계이긴 하지만 국제연대 활동도 이루
어지고 있다. 작년에는 필리핀에서 열린 '아시아 노동재해
피해자 권리를 위한 네트워크(안로브, ANROAV)' 2008
연례회의에 반올림을 대표해서 한국노동안전보건연구소
공유정옥 씨와 황민웅 씨의 부인 정애정 씨가 참가했다. 안
로브는 석면, 규폐증 등 아시아 지역 산재 문제 등 노동자

건강에 대해 모색해온 단체들 간의 네트워크로, 5~6년 전부터 전자산업 노동자들의 유해물질 노출에 따른 치명적 암 등의 발생에 주목하기 시작했다. 아시아에서도 점점 전자산업 노동자들에게 치명적 암 발병 등의 사례가 늘어나고 있었기 때문이다.

두 사람은 사례 발표 등을 통해 삼성반도체 문제를 각국 대표들에게 알렸다. 그리고 회의에 참가한 실리콘밸리 독성물질 방지연합(SVTC)의 테드 스미스 씨와 인터뷰를 해서 IBM 투쟁 사례를 듣기도 했다. 테드 스미스 씨에 따르면 전자산업을 운영하는 업체들은 전통적으로 노동조합을 억압하는 정책을 펴고 있다고 했다. 따라서 노동자들의 집단적 대응이 원천적으로 봉쇄되어 있으며, 그렇기 때문에 전체 전자산업 노동자들의 단결과 연대가 더욱 중요하다고 강조했다. 이후 테드 스미스 씨는 반올림에 '삼성반도체 투쟁을 지지한다' 는 메시지를 보내오기도 했다.

### ③ 다양하고 폭넓은 싸움

미국 실리콘밸리 싸움 과정에서 실리콘밸리 독성물질 방지연합(SVTC)이 결성되고, 영국 내셔널반도체 싸움을 통해 'PHASE2' 라는 단체가 태어났듯이 우리나라에서는 삼성반도체 백혈병 산재 인정 싸움을 통해 '반올림' 이 만들어졌다. 유족과 피해자들의 노력 못지않게 반올림 활동가들의 헌신적인 노력이 있었기에 지금까지 싸움을 이끌어오며 사회적인 관심과 지지를 얻어낼 수 있었다. 이러한 성과들이 이어진다면 노동자의 건강권과 인권을 지켜내기 위한 싸움이 더욱 다양한 방식으로 폭넓게 진행될 것이다.


## 2) 과제

### ① 노조 결성의 필요성

황상기 씨에게 집회나 기자회견 등에서 발언할 기회가 주어지면 그가 늘 빼놓지 않고 강조하는 말이 있다. 삼성에 노동조합만 있었어도 자신의 딸 유미가 그렇게 허망하게 죽지는 않았을 거라며, 지금이라도 삼성에 노동조합이 만들어져야 한다는 것이다. 노동조합만 있었더라도 작업환경에 대해 감시하고 개선책을 마련하는 동시에 회사의 일방적인 방식을 견제해서 작업장의 환경 개선을 이뤄낼 수 있었을 거라는 게 황상기 씨의 판단이다.

삼성은 무노조 경영에 대한 방침을 지금도 굳건히 지켜가고 있다. 수많은 비판이 있을 때마다 모르쇠로 일관하고, 노조 건설 움직임이 포착되면 당사자들에게 회유와 협박을 동원해서라도 어떻게든 노조 결성을 막아왔다. 삼성 계열사는 물론 하청업체도 예외는 아니다. 삼성 LCD 물량의 약 40%를 책임지며 연간 수천억 원어치를 납품하는 동우화인켐에서도 비정규직 노동자들이 노조를 설립하자 "우리는 삼성과 관련이 있어 노조는 안 된다”며 탄압에 나서고 있고, 비정규직 노동자들은 해고에도 굴하지 않고 지금도 힘겨운 싸움을 벌이고 있는 중이다. 이렇듯 무노조 경영을 고수하는 삼성의 방침을 뚫어내지 않는 한 노동자들의 정당한 권리 찾기는 힘든 가시밭길일 수밖에 없다.

② 관계 기관의 변화

노동부 산하의 근로복지공단과 한국산업안전보건공단이 노동자들의 건강권을 지켜내는 일에 앞장서도록 체질과 운영 방식을 바꿔내는 것도 절박하다. 노동자들이 마음 놓고 기댈 언덕이 되어주어야 할 기관들이 오히려 노동자들의 고통을 외면하고 상처를 준다면 굳이 존속해야 할 이유가 없다. ‘기업 프렌들리’가 아닌 ‘노동자 프렌들리’로 자기 정체성을 명확히 하도록 정당한 압력을 행사해야 한다. 억울한 노동자들의 사연을 기업이 감싸주지 못하면 국가가 나서서 감싸주어야 마땅하다. 삼성반도체의 집단 백혈병 발병은 삼성의 책임이기도 하지만 국가의 책임이기도 하다는 걸 분명히 할 필요가 있다.

그러자면 우선 지나치게 엄격한 산재의 적용 기준을 완화시켜야 한다. 예를 들어, 업무 연관성이 51% 이상일 경우 직업성 암으로 인정하는 현행 체계에서, 다른 암 발생에 비해 1%라도 직업 관련 요인이 추가로 확인되는 경우 직업성 암으로 인정하는 체계로 전환해야 한다. 또한 노동자의 알 권리를 보장하는 차원에서 직업성 암 발생 가능성이 있는 노동자에게 자신의 직업과 암의 연관성에 대해 충분히 교육하고 작업장에서 사용하는 각종 유해물질에 대한 정보를 제공해야 한다. 또한 한국산업안전보건공단 같은 곳에서 사업장의 발암물질 취급 상태를 정확히 파악하고, 발암물질 취급 노동자에 대한 평생 관리 체계를 구축해야 한다.

### ③ 사회적 경각심 향상

발암물질에 대한 전문가 집단의 연구를 통해 사회적 경각심을 높일 필요도 있다. 국가기관이나 유해물질을 다루는 회사에서 마땅히 해야할 일이지만 그들에게만 맡겨놓아서는 제대로 된 결과를 얻어낼 수 없다. 현재 우리나라 노동부에서 지정하고 있는 발암물질 목록은 노동부고시 제2008-26호 「화학물질 및 물리적 인자의 노출 기준」에서 규정한 총 56종이다. 이중에 노출 기준이 설정된 물질이 39종, 노출 기준 미설정 물질은 17종이다. 그리고 업무상 질병 인정 기준에서 정하고 있는 발암인자는 방사선 피폭, 검댕과 타르, 염화비닐, 크롬, 벤젠, 석면, 실리카 등 7종이며, 건강관리수첩 발급대상 발암물질은 베타나프틸아민 및 그 염, 벤지딘인산염, 석면, 비스에테르, 벤조트리클로리드, 염화비닐, 크롬산, 중크롬산 및 이들 염, 삼산화비소, 제철용 코크스, 베릴륨 및 그 화합물, 특정 분진 등 11

종뿐이다.

반면에 세계보건기구 산하 국제암연구소(IARC)는 사람에 대해 충분한 발암성 증거가 있는 물질로 100여 종을 지정해놓고 있으며, 아직 근거가 충분치는 않으나 인체 발암 가능 물질로 분류해놓은 것까지 치면 400종이 넘는다. 미국 국립독물학프로그램(NTP)에서는 230종 이상을 발암물질로 규정하고 있으며, 미국 국립산업안전보건연구원(NIOSH)에서는 인간과 동물 구분 없이 총 131종을 잠재적 직업성 발암물질로, 미국 환경청(EPA)에서는 약 130종을 발암성물질로 규정하고 있다. 이렇듯 국제적 기준에 비추어 보면 우리나라는 발암물질의 목록조차 제대로 작성해놓지 못하고 있는 셈이다.

사람에 대한 자료는 있지만 아직 충분한 자료가 모아지지 않은 경우에는 동물실험 결과를 활용한다. 동물에게서 암의 발생이 확인된 경우 '동물 발암성물질' 또는 '발암 의심 물질'이라고 부른다. 상당수의 나라에서는 동물 발암성물질이 확인되기만 해도 집중적으로 관리하고 대책을 수립한다. 사람에게 암의 발생 여부를 확인하기 위해서는 수십 년의 세월이 흐르고 그만큼 임상 자료가 쌓여야 하는데, 그러는 사이에 수많은 피해자가 발생할 것은 뻔하다. 그러므로 발암 가능성이 있을 때부터 위험성을 경고하고 철저히 사전 예방에 힘쓰는 시스템을 갖추어야 한다.

올해 노동환경건강연구소와 노동자, 전문가, 시민단체

가 모여 '발암물질 정보센터 및 발암물질 감시 네트워크'를 발족시켜 발암물질 목록 작성을 위한 작업에 들어간 것은 비록 늦은 감은 있으나 매우 환영할 만한 일이다. 이러한 노력과 연구 성과들이 쌓여서 직업성 암 발병을 낮출 수 있게끔 작업장에서 유해물질 대신 대체물질을 사용할 수 있도록 해야 한다. 나아가 산재보험법을 개정하여 직업성 암의 업무 연관성에 대한 인정 폭을 넓히도록 해야 한다.


## 3) 앞으로의 전망

삼성반도체 백혈병 발병 5명이 산재 불승인 처분을 받은 이후 근로복지공단에 심사청구를 제기했지만 지금까지 다른 사건의 경우에도 심사청구를 받아들인 경우가 거의 없어 산재 승인을 장담할 수 없는 상황이다. 행정소송 등의 절차가 남아 있지만 그 역시 오랜 기간이 걸리는 데다 법원이 선뜻 노동자들의 편을 들어줄지 의문이다.

황상기 씨는 지금까지 삼성 측이 한 번도 인간적인 모습을 보여주지 않았다며 분개했다. 삼성은 지금이라도 노동자의 건강을 돌보지 않는 회사의 성장이 대체 무슨 소용이 있느냐는 피해자와 유족들의 항변에 귀 기울여야 한다. 퇴직금과 위로금으로 적당히 해결하려는 자세로는 결코 이 문제를 풀 수 없다. 그것은 장기적으로도 회사 이미지에 도움이 되지 않는다. 왜 20~30대의 혈기왕성한 노동자들이 집단으로 백혈병에 걸려야 했는지에 대해 우연이라고만 하지 말고 진심으로 위로하고 사과한 다음 재발 방지를 위해 노력해야 한다. 그게 글로벌 기업다운 방식이다.

　노동자도 인간다운 삶을 보장받을 수 있는 사회가 되려면 모든 노동자들에게 건강권과 노동기본권을 누릴 수 있는 여건을 만들어주어야 한다. 그렇지 못할 경우 또 다른 피해자들이 계속 생겨날 것이다. 다음은 우리들의 누이와 형제의 차례가 아니라고 어떻게 말할 수 있을 것인가? 이것이 우리 모두가 삼성반도체에서 일하다 백혈병에 걸려 사망한 노동자와 유족, 지금도 치료를 받고 있는 피해자들의 절박한 외침을 외면하지 말아야 하는 까닭이다.

# # 생존을 위한 권리, 노동자 건강권

노동자 건강권이란, 건강하고 행복한 삶을 영위할 수 있는 적극적이고도 포괄적인 권리다.

세계보건기구(WHO)에서는 "건강이란 단순히 질병이 없는 상태가 아니라 육체적, 정신적, 사회적, (영적)으로 온전히 행복한 상태를 말한다"라고 정의하고 있다. 노동자 건강권의 관점에서 다시 풀어본다면 "노동자 건강권이란 단순히 질병이나 사고를 당하지 않을 권리가 아니라, 육체적, 정신적, 사회적, (영적)으로 온전히 행복한 상태를 누릴 권리"라고도 할 수 있다.

노동자 건강권은 인간답게 일할 권리인 동시에 일하지 않을 권리이기도 하다. 적절하지 못한 환경에서는 일하지 않을 권리가 보장되어야 한다. 아프면 일하지 않아도 되고, 너무 더울 때나 너무 졸릴 때는 일하지 않을 권리가 있는 것이다. 제대로 쉴 권리도 건강권에 포함된다. 충분한 양과 높은 질의 휴식을 취하는 것은 건강을 위해 필수적인 권리다.

끝으로, 건강권은 '전체 노동자'가 보편적으로 누려야 할 권리로 확장되어야 한다. 한 개인, 한 사업장, 한쪽의 성별이나 한쪽의 지역, 인종, 국가에만 보장되는 권리란 없다.

그러나 현실은 그렇지 않다. 더럽고 위험한 작업환경이 개선되지 않고 비정규직 노동자에게, 소규모 외주하청 노동자에게, 이주노동자에게 옮겨가고 있는 것이 현실이다. 노동자 건강권은 계급 전체의 보편적인 권리로 자리매김해야 한다.

　　정작 노동자 건강권에 관련된 법과 제도에서 보장하고 있는 권리는 알 권리, 참여할 권리, 위험한 작업에 대한 회피권 정도에 불과하다. 그나마 무노조나 어용노조를 둔 사업장의 노동자들은 아예 근본적으로 권리를 누릴 수 없고, 이주노동자나 불안정 노동자들의 특별한 상황과 필요를 고려한 권리 보장은 전무한 실정이다.

　　우선 건강이 '노동자의 권리' 이며, 그 무엇으로도 침해되어서는 안 된다는 노동자 건강권에 대한 기본 관점과 잣대가 바로 세워져야 한다.

　　대부분의 노동자는 건강권의 권리 주체로 살아본 적이 없다. 실제로 소위 산업안전보건 제도·관리·경영에서 노동자는 관리의 대상이나 수혜 대상자로만 자리매김되고 있을 뿐이다. 따라서 현장에서 다수의 노동자들이 일상적인 노동자 건강권의 권리 주체로 서는 경험을 만들도록 애써야 한다.

— 공유정옥(한국노동안전보건연구소), 〈울산노동뉴스〉 '특집—노동자 건강권' 중에서

# 11 나오며

근로복지공단으로부터 산재 승인은커녕 제대로 된 위로의 말 한마디 받지 못했던 박지연 씨가 2009년 9월에 백혈병이 재발해서 다시 치료를 받고 있다. 골수이식 수술을 받은 지 1년 5개월 만의 일이다. 이런 안타까운 소식을 접한 가족과 반올림 관계자들은 가슴이 무너져 내리는데, 근로복지공단 관계자들은 과연 어떤 생각을 하고 있을까? 여전히 자신들은 아무런 책임이 없다며 팔짱만 끼고 있어도 되는 걸까? 스물세 살의 젊디젊은 목숨에 죽음의 그림자가 드리우게 만든 당사자들 중 하나라는 걸 자신들은 정말 모르는 걸까?

박지연 씨가 다시 투병에 들어간 사이 새로운 사실이 밝혀지기도 했다. 2009년 10월 23일, 노동부에 대한 종합 국정감사에서 국회 환경노동위원회 민주당 김상희 의원과 민주노동당 홍희덕 의원이 삼성전자, 하이닉스, 앰코테크놀로지 등 반도체 3사에 속한 6개 공장을 대상으로 서울대 산학협력단이 실시한 '산업보건 위험성 평가'를 입수하여 분석한 결과, 반도체 제조공정에서 사용되는 포토 레지스터(PR)라는 물질에서 1급 발암물질인 벤젠이 검출되었다고 발표했다. 이는 한국산업안전공단이 발표한 집단역학조사 결과에서 벤젠이 검출되지 않았다는 사실과 정면으로 어긋난다. 근로복지공단은 한국산업안전보건공단의 조사 결과를 바탕으로 백혈병에 걸린 삼성반도체 노동자들에게 산재 불승인 처분 결정을 내렸다.

이번에 산학협력단이 발표한 조사 결과에 따르면 삼성전자에서 사용하는 물질의 경우 6건 모두에서 0.08ppm~8.91ppm의 벤젠이 검출됐고, 하이닉스에서 사용된 제품은 4건 가운데 1건에서 3.95ppm의 벤젠이 검출됐다. 벤젠은 백혈병을 유발할 수 있는 물질로 산재보험법에서 업무상 질병 요인으로 인정하고 있다. 벤젠의 공기 중 노출 기준은 우리나라의 경우 1ppm이며, 스웨덴 같은 나라는 0.5ppm이다. 하지만 개인의 특성에 따라 1ppb 정도의 노출도 치명적일 수 있다고 한다.

김상희 의원과 홍희덕 의원은 부실하게 진행된 역학조사의 신뢰성에 의문을 제기하며 "최소한 반도체 3사에서 실시한 수준으로 재역학조사를 실시하고, 업무상 질병으로 인정받지 못한 반도체 노동자에 대해서도 업무상 질병 여부를 재심사해야 한다"고 주장했다. 이 소식을 접한 반올림에서는 성명을 내어 문제가 된 포토 공정뿐만 아니라 전체 공정에 대한 철저한 재조사를 실시하여 발암물질을 찾아내고 현장에서 이러한 발암물질을 제거할 것을 요구

했다. 클린 룸의 실내 공기는 급속 순환 시스템에 따라 재
순환되기 때문에 실제 약품이 사용되는 공정이 아닌 다른
라인에도 영향을 줄 수 있기 때문이다. 결국 제대로 된 조
사의 필요성이 다시 제기된 것이며, 이에 대해 삼성을 비롯
한 반도체 업체들은 물론 근로복지공단과 노동부는 분명
한 답을 내놓아야 한다.

앞으로 또 어떤 진실이 밝혀질지 모른다. 그리고 얼마나
더 많은 환자들이 발생할지도 모른다. 따라서 이 문제는 쉬
쉬한다고 해서 덮어질 문제가 아니며 우리 사회가 지속적
으로 관심을 갖고 해결책을 찾아가야 한다. 삼성이라는 개
별 기업의 문제를 넘어 우리 사회와 국가가 책임지고 풀어
가야 할 중요하고도 시급한 문제로 인식해야 한다. 외국의
사례는 물론 의문사와 돌연사가 이어지고 있는 한국타이
어 노동자들의 사례 등에서 볼 수 있듯이 열악한 작업환경
에 대한 사업주의 자발적인 각성과 그에 따른 성의 있는 조
치를 기대하기는 힘들다. 사회적 힘만이 사업주와 국가로
하여금 노동자들의 건강권과 알 권리를 보장해주도록 강
제할 수 있다. 절망에 빠진 피해자와 (유)가족들의 처지를
충분히 위로하고 돌보는 일과 함께 재발 방지와 합리적인
대책 마련을 위한 사회적 시스템이 하루빨리 갖추어지기
를 소망한다. 그러한 일을 이루기 위한 발걸음에 이 책을
읽는 당신이 함께 나서주기를 역시 소망한다.

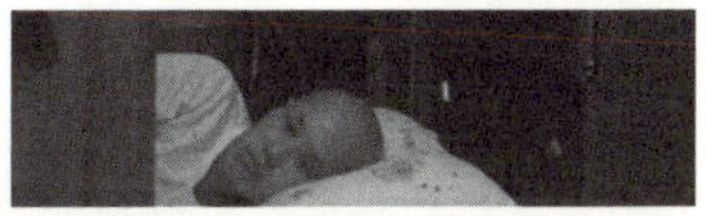

집단 백혈병 산재인정 촉구
화. 오전 10시 30분    ■ 장소 :

# 참고자료

## 참고자료【1】 개념설명

### 【백혈병】

백혈병은 혈액에서 발생하는 암으로 골수의 조혈조직, 비장, 임파결절에 암이 생기는 치명적인 질환이다. 두드러진 특징은 비정상적이고 파괴되기 쉬운 어떤 한 가지류의 백혈구(과립구, 임파구, 단핵구 중에서)가 조절할 수 없이 증식하는 것이다.

보통 혈액 1㎖당 6~8000개인 백혈구가 10만이나 20만, 때로는 1000만으로 증가하면서 정상적인 혈액세포는 증식할 수 없게 되며, 골수의 조혈 기능이 마비되어 환자는 몇 개월 사이에 사망하게 된다. 다른 암들은 조기 발견되면 수술에 의해 완쾌할 수도 있으나 백혈병은 조기 진단이 되었다 하더라도 완치 방법이 없는 위험한 병이다.

다른 모든 암과 마찬가지로 백혈병의 원인 역시 확실히 밝혀진 바가 없지만, 몇 가지 유발요인은 짐작할 수 있다. 즉 선천적인 요인으로는 염색체의 이상이 있고, 후천적 요인으로는 방사선, 바이러스, 화학물질 등을 예로 들 수 있다. 후천적 요인 중 방사선은 현재까지 가장 확실한 백혈병의 유발인자로 알려져 있다.

### 급성림프구성백혈병(Acute lymphocytic leukemia)

원인은 정확하게 밝혀지지 않았으나 방사선 조사, 바이러스, 유전적 소인, 화학물질 특히 항암제 등과 연관이 있는 것으로 추측하고 있다. 국내에서는 백혈병을 통틀어 연간 3000명 이상이 발병하며 이중 급성이 87%이고, 급성의 30%는 급성림프구성백혈병이다.

림프구 전구세포의 암성 증식에 의해 정상 혈구가 감소되고 장기에 침윤함으로써 장기 손상을 가져와 치료받지 않을 경우 수 주 내지 수개월 내에 사망하게 된다.

### 급성골수성백혈병(Acute myelocytic leukemia)

비림프구 계통의 백혈구 전구세포의 암성 증식에 의한 병으로 골수 내의 평형이 깨지며 정상 혈구가 감소되고 백혈병 세포가 장기에 침윤함으로써 장기 손상을 가져와 치료받지 않는 경우 수 주 내지 수개월 내에 사망하게 된다.

### 만성림프구성백혈병(Chronic lymphocytic leukemia)

림프구가 조절할 수 없을 만큼 증식해 림프절과 림프 조직에 축적되고 결국에는 골수, 간, 비장에 침윤되는 것이 특징이다. 만성림프구성백혈병은 50~70세 사이에 빈도가 높고 여자보다 남자에서 3배나 더 많다.

**만성골수성백혈병(Chronic myelocytic leukemia)**

25~60세의 연령 사이에서 주로 나타나며 과립구의 비
정상적인 증식이 특징인데 대부분은 성숙한 것이지만 약
간은 미성숙한 것들도 있다. 백혈구가 말초 순환에서 빽빽
하게 흐르고 골수 내에 밀접하게 축적되며 간장, 비장 그리
고 다른 조직에 침윤된다.

**악성림프종**

림프망내계의 세포에서 기인한 악성종양으로 크게 호지
킨병과 비호지킨림프종으로 나눌 수 있다. 서구에서 악성
림프종은 환경의 영향, 고령화, HIV 감염의 증가, 장기이
식 증가, 면역저하 질환 유병률의 증가 등의 원인으로 악성
림프종의 발생 빈도가 점차 증가하는 추세에 있다. 국내에
서는 정확한 역학조사가 이루어지지 않아 알 수는 없으나,
서구보다 호지킨병이 적고 비호지킨림프종이 더 많으며 각
각의 유형별 발생 빈도가 다른 것으로 보고 있다.

**비호지킨림프종**

림프절이 동시다발로 커지는 병으로 목에 있는 경부림
프절이 흔히 만져진다. 질병이 진행되어 가면서 간장, 비
장, 피부, 위장관계, 신경계를 포함한 다른 기관들에도 침
범될 수 있는데 이들 기관에 가해지는 압박과 폐쇄로 복부
동통, 신경통, 마비 등의 증상들을 일으킨다. 전신적 증상

으로 발열, 체중 감소, 발한, 전신 쇠약감이 있다.

방사선 치료 또는 항암제 약물 치료를 하는데·환자가 받는 방사선 치료는 치유 방법이라기보다는 증상 완화에 불과하다. 예후는 성인들일 경우 일반적으로 발병한지 2년간 생존 가능하고 16세 이하의 어린이는 대체로 1년 내에 사망한다.

**림프**

생물의 세포조직을 채우는 무색의 액체로 혈관과 조직을 연결하며 면역항체를 수송하고, 장(腸)에서는 지방을 흡수하고 운반한다.

## 【반도체의 역사】

반도체는 1839년 영국 물리학자 패러데이(Faraday, M.)에 의해 존재가 밝혀졌고 1873년에 납·철의 황화물에 정류성(整流性)이 있음이 알려지면서 유용한 물질임이 인식되었다. 반도체가 산업사회에서 본격적으로 각광받기 시작한 것은 1950년경 이후부터다.

국내에서 처음으로 반도체소자가 생산된 것은 1965년으로, 미국의 고미그룹이 국내에 합작 투자회사를 설립하여 트랜지스터를 조립·생산한 것이다. 그 뒤 페어차일드(Fairchild), 모토로라(Motorola), 시그네틱스(Signetics) 등 여러 외국 업체가 계속 들어왔다.

국내 반도체산업은 삼성전자가 주도했다고 볼 수 있다. 삼성전자는 1974년 12월 파산 위기에 처한 한국반도체를 인수하여 손목시계용 IC칩과 트랜지스터칩 등을 개발, 생산하게 되었고 이를 계기로 하여 국내 반도체산업은 큰 전환기를 맞게 되었다. 1983년 삼성전자는 경기도 용인 기흥에 제 1라인 반도체 공장을 준공했다. 보통 1년 반이 걸리는 생산 라인 건설을 6개월 만에 완공해 화제가 되기도 했다. 삼성전자 기흥공장은 국내 반도체산업의 메카이기도 하다. 이후 삼성전자는 1992년 세계 D램 시장 1위, 1993년 메모리 분야 세계 1위를 거쳐 1995년 S램 시장에서도 1위에 올랐다. 그 명성은 지금까지도 이어지고 있다.

### 반도체

상온에서 전기 전도율이 도체와 절연체의 중간 정도인 물질이다. 낮은 온도에서는 거의 전기가 통하지 않으나 높은 온도에서는 전기가 잘 통한다. 실리콘, 게르마늄, 산화이구리 등이 있으며 정류기(整流器), 다이오드, 집적회로, 트랜지스터 등의 전자 소자에 널리 쓰인다.

### 유기용제 = 유기용매

고체, 기체, 액체를 녹일 수 있는 액체 유기 화합물이다. 메탄올, 벤젠 등이 있다.

### 벤젠

정육각형 구조를 가진 무색의 휘발성 액체로 독특한 냄새가 난다. 수지 따위의 용제나 염료, 향료, 폭약, 살충제 따위의 원료로 쓰인다. 1급 발암물질로 지정되어 있으며 우리나라에서 제정한 노출 기준은 1ppm이다.

### 트리클로로에틸렌(TCE)

무색의 휘발성 액체이다. 불연성(不燃性)이고 독성이 있다. 폴리스티렌 플라스틱류, 특히 모형건물재료의 접합제로 사용된다. 이 증기를 흡입하면 환각상태가 될 수 있다.

## 산화에틸렌

고리 에테르의 하나이다. 에틸렌의 산화물로 무색의 기체이다. 물이나 알코올, 에테르 등에 잘 녹고, 인화되기 쉬우며 독성이 있다. 반응성이 풍부하여 유기 합성물의 원료로 쓰인다.

## 이소프로필알코올(IPA)

휘발성 액체로 동결 방지제, 아세톤, 의약품 제조 원료로 쓰인다. 이소프로필알코올을 단시간에 대량으로 흡입하면 의식불명 상태가 될 수 있으며, 피부에 닿으면 피부에 손상을 입힐 수도 있다. 쥐를 대상으로 한 실험에서 수컷의 생식기에 유해 영향을 주는 것으로 밝혀졌다. 골수 억제작용에 의한 과립구감소증과 재생불량성빈혈 외에도 의식장애, 혼수, 경련 등의 부작용을 일으킬 수 있다는 이유로 캐나다, 미국, 뉴질랜드 등에서 사용을 금지한 성분이다.

## 솔더(solder)

주석-납의 합금을 말한다. 융점이 낮고 작업하기도 용이하므로 연관류의 접합, 식기류, 기타 판금 가공 등에 납땜용으로 쓰인다. 납은 발암 가능 물질로 태아기형, 뇌중추신경계통 장해, 혈액계, 신경계, 호흡기계, 위장 장해 등을 불러온다.

**참고자료【2】** 경과일지

- **2005. 6. 10**     황유미 씨 급성골수성백혈병 진단 확정.
- **2005. 7. 23**     기흥공장 설비 엔지니어 황민웅 씨 백혈병으로 사망(2004년 10월 발병).
- **2006. 6**     기흥공장 3라인 황유미 씨 동료인 이숙영 씨 급성골수성백혈병 발병.
- **2006. 8. 17**     이숙영 씨 사망.
- **2007. 3. 6**     황유미 씨 사망.
- **2007. 6. 1**     황유미 씨 아버지 황상기 씨 근로복지공단에 유족급여 신청.
- **2007. 9. 17~21**     한국산업안전보건공단 직업병연구센터에서 역학조사 실시.
- **2007. 11. 20**     삼성반도체 기흥공장 앞에서 대책위원회 발족 기자회견.
- **2007. 12. 26**     과천청사 노동부 본부 앞에서 철저한 역학조사 촉구 기자회견.
- **2007. 12. 28**     한국산업안전보건공단 항의 면담 및 의견서 전달.
- **2008. 1. 14**     민주노총 주최 삼성 피해 노동자 증언대회 참가 및 발제.
- **2008. 1. 25**     기자 사칭한 삼성반도체를 상대로 손해

배상청구 소송 접수.

- 2008. 1. 31   피해 가족들(네 가족)과 대책위와의 만남.
- 2008. 2. 4   노동부의 실태조사 실시에 대한 대책위의 입장 발표.
- 2008. 2. 13   노동부에 공개 질의서 보냄.
- 2008. 2. 14   노동부 면담(약속 무산).
- 2008. 2. 22   노동부 재 면담.
- 2008. 2. 27   한국산업안전보건공단 면담.
- 2008. 3. 6   삼성 본관 앞에서 고 황유미 씨 1주기 추모제 개최.
- 2008. 3. 13   삼성 피해자 증언대회.
- 2008. 4. 2   수원지역 선전전. 매달 2일을 '노동자 건강권 쟁취 투쟁의 날'로 선포
- 2008. 4. 22   노동부에 반도체 제조업체 노동자의 건강실태조사에 대한 정보공개 청구.
- 2008. 4. 28   근로복지공단 본부 앞에서 이숙영, 황민웅, 박지연, 김옥이 씨에 대한 산재 신청 및 기자회견.
- 2008. 5. 1   노동부에서 대책위의 정보공개 요구 거부.
- 2008. 8. 19   화성시 반월동 롯데마트 앞에서 '삼성반도체 백혈병 사망 노동자 고 황민웅·이숙영 합동 추모제' 개최.
- 2008. 9. 27~29   '아시아 노동재해 피해자 권리를 위한

네트워크(안로브, ANROAV)' 2008 연례
회의에 참가.

- **2008. 10. 22**  삼성백혈병충남대책위원회 발족.
- **2008. 12. 9**  비호지킨림프종에 걸린 송창호 씨 근로
복지공단 천안지사에 산재 신청 및 충남
대책위 기자회견.
- **2008. 12. 29**  '반도체 제조공정 근로자의 건강실태 역
학조사' 결과 발표회.
- **2009. 2. 25**  한국산업안전보건공단에서 개인별 역학
조사 평가위원회 개최.
한국산업안전보건공단 앞에서 '삼성반
도체 집단 백혈병 산재인정! 합의사항 이
행 않는 산업안전보건공단 규탄 집회'
개최.
- **2009. 3. 4**  국회도서관 소회의실에서 '직업성 암 현
황과 역학조사, 산재보험 문제점 및 대안
찾기 공청회' 개최.
- **2009. 3. 6**  고 황유미 씨 2주기 추모제 및 반도체산업
산재 사망 노동자 추모의 날 행사 개최.
- **2009. 3**  개인별 역학조사 평가위원회 결과 근로
복지공단으로 송부.
- **2009. 3. 24**  삼성전자 LCD 사업부 퇴직 노동자 한혜
경 씨 뇌종양 산재 신청.

- **2009. 4. 9**　노동환경연구소와 노동자, 전문가, 시민단체가 모여 '발암물질 정보센터 및 발암물질 감시 네트워크' 발족.

- **2009. 4. 21**　산재 인정 촉구를 위한 삼성전자 직업성 암 피해자 증언대회 개최.

- **2009. 4. 22 ~5. 31**　산재 인정을 위한 근로복지공단 앞 노상농성 진행.

- **2009. 5. 15**　산재 결정을 위한 근로복지공단 자문의협의회 개최. 전원 불승인 처분 결정이 내려짐.

- **2009. 7. 21**　황유미 씨 등 5인 산재 불승인 처분에 대하여 근로복지공단에 심사청구 제기.

- **2009. 7. 21~23**　반도체 노동자의 건강과 인권을 위한 7월 공동행동(반달 공동행동) 실시.

- **2009. 7. 28**　송창호 씨에 대한 역학조사 평가위원회 개최.

- **2009. 9**　박지연 씨 백혈병 재발.

- **2009. 9. 2**　송창호 씨에 대한 업무상질병판정위원회 개최. 불승인 처분 결정이 내려짐.

- **2009. 10. 23**　국정감사에서 민주당 김상희, 민주노동당 홍희덕 의원이 삼성과 하이닉스반도체 공장에서 1급 발암물질인 벤젠이 검출되었다는 서울대 산학협력단의 조사

결과 발표.
- **2009. 10. 30** 제2회 반도체의 날을 맞아 서울 삼성타
운 앞에서 '반도체의 날 딴지 시상식'을
개최.

# 의견서

작성 : 산업의학 전문의 김현주(단국대학교 의과대학)

## 1. 기흥사업장 황유미, 이숙영, 황민웅

현재 이 작업장의 유해인자 노출에 관한 정보는 크게 세 가지 경로를 통해 파악할 수 있는데, 하나는 회사 측이 제시한 과거 작업환경 측정 자료이고, 두 번째는 한국산업안전보건공단 측의 작업환경 측정 결과이고, 마지막으로 이 작업장에서 일했던 사람들의 진술이 있다.

작업환경 측정 자료는 작업장의 현실을 제대로 반영하지 못한다는 것을 과거 측정 자료의 검토와 여러 작업자들의 제보를 통해 확인할 수 있는 상황에서 정량적인 자료로 참고하기에는 많은 제한점이 있다. 다만 정성적인 자료로 참고할 수 있을 뿐이나 이 역시 화학물질 노출이 정확한 원물질 시료 분석에 근거하여 평가되지 못했고, 작업 과정에서 생성될 수 있는 다양한 화학물질 간의 반응물에 대한 평가는 이루어지지 않았다는 심각한 제한점이 있다. 특히 배관을 부식시켜 잦은 수리를 해야 할 정도로 많이 사용했던 강산류와 '통으로 부어서 사용했던' 에틸렌글리콜은 서로 반응하여 상온에서도 백혈병 유발물질인 에틸렌옥사이드를 생성할 수 있다는 점에 주목해야 할 것이다.

여러 가지 자료를 검토한 결과 작업자들은 낮은 수준의 전리방사선, 에틸렌옥사이드, 포름알데히드 등의 단독 백혈병 유발물질에 상당한 정도로 노출되었을 가능성이 충분하다.

한편 이러한 유해인자가 백혈병을 발생시키기에 충분할 정도로 노출되었는가를 평가할 때 우리가 유일하게 신뢰할 만한 자료는 과거 작업자들의 인터뷰와 고 이숙영 씨의 10년간 진료 기록이다.

각각 다른 곳에서 서로 안면이 없는, 그리고 이 작업장과 어떤 이해관계도 없는 퇴사자들의 진술에는 상당한 일관성이 있다는 점에서 그 신뢰성이 높다. 고 이숙영 씨의 과거 10년간 진료 기록은 고인이 자극성·접촉성피부염 등 화학물질에 대한 고농도 노출에 의한 것으로 추정되는 질환을 반복적으로 앓았다는 것을 보여준다. 그러므로 이 작업장에서 작업자들은 수치화할 수는 없지만 상당한 정도의 화학물질에 노출되었을 것으로 추정되며, 이는 여러 작업자들이 진술하듯 표준적인 작업 과정에서 일어났다기보다 생산량을 유지하기 위해서 화학물질 누출을 무릅쓰고 작업해야 했기에 발생했던 상황으로 보인다.

전리방사선의 경우도 적절한 차폐가 이루어졌는지, 장비 테스트를 포함한 크고 작은 유지·보수 과정에서 상대적으로 높은 수준의 전리방사선에 간헐적으로 노출되었을 가능성을 고려해야 한다. 전리방사선은 암 발생에 있어서 역치가 없으며 100mSv에 한 번 노출이 되더라도 100명당 1명꼴로 암을 유발할 수 있으며, 연간 1mSv 이상의 노출에서는 암 발생이 가능한 것으로 알려져 있다. 이 작업장에서 이러한 수준의 전리방사선 노출이 없었다는 증거는 찾을 수가 없다.

좀 더 구체적으로 살펴보면,

- 고 황유미와 고 이숙영은 2인 1조로 각종 화학물질이 담긴 배스에 제품을 손으로 직접 담그는 일을 해왔고, 직접적인 취급이 아니더라도 바로 옆에서 강산 미스트가 존재하는 상황에서 에틸렌글리콜로 장비를 닦는 상황에 놓여 있었으며, 전리방사선을 방출하는 장비(이온 임플란터) 주위를 포함한 작업장의 여러 장소를 바쁘게 이동하면서 작업해야 했기 때문에 백혈병을 유발하기에 충분한 정도의 화학물질과 전리방사선에 노출되었을 것으로 생각된다.

• 고 황민웅의 경우는 전리방사선 노출에 대해서는 추정할 만한 자료가 없는 상황이지만 장비의 유지·보수 과정에서 에틸렌옥사이드에 상당한 고농도로 노출되었을 가능성이 충분하다.

이 작업장에서 백혈병 발생의 업무 연관성을 평가할 때 고려해야 할 사항은 이 밖에도 몇 가지 더 있다.

첫째, 화학물질과 전리방사선의 상호작용, 혹은 시너지 효과이다. 지금까지 알려진 전리방사선의 인체 영향은 주로 일본 원폭 피해자들을 대상으로 한 연구 결과에 근거한 것인데, 다양한 화학물질과 전리방사선의 복합 노출이 있어온 이 작업장에 그대로 적용하기에는 제한점이 있다. 동물실험 결과에 의하면 전리방사선은 여러 화학물질과 상호작용하여 암 발생을 증가시킨다고 보고되고 있고, 특히 이 작업장에서 일상적으로 사용했던 아세톤과 계면활성제는 적은 농도로 노출된 후라도 전리방사선의 염색체 변이를 증가시킨다고 알려져 있다. 이 작업장의 백혈병 발생 위험을 평가할 때 단독 발암물질인 전리방사선, 에틸렌옥사이드, 포름알데히드 등에 대한 노출뿐 아니라 발암성이 없다고 알려진 여러 화학물질과 전리방사선의 상호작용에 의해 발암 위험성이 더 높아졌을 가능성을 반드시 고려해야 한다. 요컨대 이 작업장에서 매우 큰 백혈병 발병률의 위험도는 화학물질과 전리방사선의 복합 노출의 효과에 의한 것으로 설명할 수 있다.

둘째, 백혈병의 잠재기에 대한 것이다. 한국산업안전보건공단 측은 문헌 리뷰에서 일본 원폭 피해자들에 대한 연구 결과로부터 백혈병은 전리방사선 노출 5년 이후에 증가한다고 하였으나, 이는 노출 이후 5년부터 통계적으로 유의한 백혈병 발병의 위험이 증가한다는 뜻이지 그 이전에는 발생할 수 없다는 의미는 아니다. 실제로 일본 원폭 피해자 가운데 첫 번째 백혈병 환자는 노출 이후 2년째에 발견되었다. 또한 전리방사선의 노출량이 암의 잠재기와 관련이 있다는 보고도 없다. 한편 전리방사선은 암 발생의 세 가지 단계에 모두 관여하는 것으로 알려져 있는데 낮은 수준으로 노출될 경우 암의 시작 단계에 영향을 미치며, 급성으로 높은 수준에 노출될 경우 암의 촉진과 진행 단계에 영향을 미친다고 알려져 있다. 피해자들의 질병 잠재기가 일본 원폭 피해자들에 비해 상대적으로 짧은 이유는 간헐적인 전리방사선에 대한 고농도 노출과 관련이 있다고 생각한다.

셋째, 전리방사선에 대한 감수성이 사람마다 다르다는 점을 기억해야 한다. 최근 들어 전리방사선에 대하여 과민성을 가진 집단이 있을 수 있다고 알려지고 있으며, 일본 원폭 피해자에 관한 연구들은 여성에서, 젊은 연령일수록, 백혈병 발생 위험도가 높아진다는 점을 지적하고 있다. 고 황유미와 이숙영은 갓 스무 살 때부터 이 작업장에서 일해 온 여성 노동자이며, 고 황민웅 역시 이십대 중반에 입사했다는 점을 기억해야 한다.

넷째, 백혈병의 발병은 면역력 저하와 관련이 있을 수 있다. 피해자들은 교대근무나 불규칙한 장시간 노동을 하였고, 생전의 진술에 의하면 온몸이 땀에 젖을 정도의 노동 강도에서 일해왔다고 하여 과로에 의해 면역력이 저하되었을 가능성이 충분하고, 이는 백혈병의 발병에 일정 정도 관여했을 수 있다.

기흥사업장 1~3라인 근무 경험자인 위 3명의 백혈병의 업무 연관성에 대해서 마지막으로 고려할 사항은 일반 인구집단 10만 명당 최대 6명이고 청장년 연령에서는 10만 명당 2명인 백혈병 발병률과 이 작업장의 백혈병 발병률을 비교하는 것이다. 현재까지 알려진 백혈병 사망자는 기흥사업장에서 9명으로 (퇴사자를 감안하여) 약 3만 명당 9명이며, 1~3라인 근무 경험자 중에서는 최대 약 5000명 중 5명(위 3명, 산재 신청하지 않은 관리직 1명, 산재 신청 예정인 여성 노동자 1명)이다. 10만 명당 6명의 발병률을 기준으로 했을 때, 기흥사업장의 백혈병 사망률 3.34배, 3라인의 백혈병 발병률은 약 15.2배 높으며, 10만 명당 2명의 발병률을 기준으로 했을 때는 각각 약 10배, 45.6배 높다. 이러한 확률의 차이에 대해서 먼저 생각해볼 수 있는 것은 이것이 우연일 가능성이다. 그러나 백혈병 발병자들이 수많은 화학물질과 상당한 정도로 추정되는 화학물질에 대한 노출, 낮은 수준이라 할지라도 일반 인구 집단의 연간 노출량을 초과하는 전리방사선에 대한 노출 경험을 공유한다는 점을 생각할 때 우연일 가능성은 희박하다.

이상에서 볼 때 위 3인의 백혈병은 전리방사선, 에틸렌옥사이드, 포름알데히드 등의 단독 발암물질에 대한 상당한 정도의 노출, 즉 여러 화학물질과 전리방사선의 상호작용에 의해 그 시작이 촉진되고 간헐적인 급성 고농도 전리방사선 및 화학물질의 노출에 의해 촉진 및 진행되었을 개연성이 충분하며, 여기에 개인의 감수성, 과로에 의한 면역력 저하 등의 요인이 관여했을 것으로 판단되어 그 업무 연관성이 인정되어야 한다고 생각한다.

## 2. 온양사업장 전리방사선 및 141B 노출자(박지연)

박지연 씨는 삼성반도체 온양사업장에서 QE Lab에서 Mold 공정을 거친 제품의 상태를 검사하기 위해 X-ray를 취급했다. 박지연 씨가 일했던 2005년 11월부터 2008년 4월까지의 QE Lab, 1라인 1층 X-ray room 방사선량 자체 측정 결과는 0.19~0.33 $\mu$Sv/h로 총 15회의 측정치 중 11

회에서 자연방사선량 이상의 노출을 나타내고 있다(노출
기준 0.20$\mu$Sv/h).

　박지연 씨의 진술에 따르면 Mold 공정 검사 중 X-ray
검사 시 업무량이 많을 때는 실수로 X-ray 발생 장치를 중
지하지 않은 상태로 뚜껑을 열거나 이전 작업자가 중지하
지 않은 것을 모르고 뚜껑을 여는 경우도 있었다고 하며,
X-ray 보호장비는 착용하지 않았다고 하는 점으로 미루어
볼 때 자연방사선량 이상의 전리방사선 노출이 있었을 것
으로 추정된다.
　한편 박지연 씨가 취급했던 화학물질 중 141B는 만성 노
출에 대하여 발암성 평가가 확립되어 있지 않은 물질로 박
테리아의 DNA를 대상으로는 변이원성이 없다고 보고되
어 있지만, 쥐의 골수에서 마이크로 뉴클라이에 대한 실험
결과 유전적인 영향을 보일 수 있다고 보고되어 있다.

　박지연 씨가 일했던 작업환경 역시 한국산업안전보건공
단 측에서 조사한 것과는 차이가 있는 것으로 보이는데,
141B를 취급하는 공정에서 어떤 보호구도 착용하지 않았
으나 사측에서 제공한 작업장 사진에서는 필요한 보호구
를 모두 착용하고 있는 것이 그 예가 될 수 있다. 박지연 씨
가 일했던 곳에는 국소배기장치(vaccum)가 있는데 배기
장치가 코의 높이 정도로 설치되어 적절한 높이가 아니어

서 Solder dipping 작업 시 역한 냄새가 바로 코로 와 닿았다고 하며, 작업장에서 "하얀 연기가 나고 역한 냄새 때문에 머리가 아플 지경"이었다고 진술했으며, "같은 업무를 했던 동료들도 머리가 아프다고 종종 이야기했다"고 진술하였다. 또한 근무가 끝나기 전에 다음 교대자를 위해 비커를 세척하고 약품을 교체하는 동안 HCFC-141B 용액이 장갑에 스며드는 경우가 많았고 물로 씻어도 손에 묻어 남아 있었다고 하였다.

141B의 발암성에 대해서 아직 어떤 정확한 결과가 나오지는 않았지만 박지연 씨의 141B에 대한 노출 관련 진술은 작업환경이 공단 측의 조사 결과나 회사 측에서 제시한 자료보다 열악했음을 보여주는 간접적인 증거로 생각된다. 이는 이 작업장에서 같은 테스트 검사과에서 일했던 동료 근로자의 다음과 같은 진술에서도 확인할 수 있다. "검수 작업이 끝나면 패키지라는 것을 지워요. 이런 몰딩으로 딱 덮는 작업을 하는데, 여사원들이 그걸 접하니까 피부병 많이 앓고…… 호흡기도 안 좋고 천식…… 또 그쪽은 방사선 수치가 상당히 높은 거로 알고 있어요."

또한 "업무량이 많아 한 달에 12~13일은 4시간의 잔업을 하였고 그로 인해 피로를 많이 느꼈"으며, "엔지니어의 작업 지시 사항에 따라 작업을 수행해야 하며 작업량과 작업 속도를 조정하기는 힘든 상황"에서 과로에 의한 면역력의 저하가 있었을 것으로 생각된다.

　　박지연 씨의 백혈병에 대한 업무 연관성을 평가할 때 가장 중요한 것은 업무 특성상 간헐적인 고농도 노출을 동반하는 자연방사선량 이상의 X-ray에 노출되어 왔다는 점이며, 심각한 수준의 과로가 면역 체계에 영향을 주어 암 발생에 관여했을 가능성이다.

　　방사선의 건강 영향에 관한 대부분의 근거들은 히로시마와 나가사키의 원폭 투하 생존자에 관한 연구 결과로부터 나왔는데, 생존자의 65%는 100mSv 이하의 낮은 수준의 방사선에 노출됐었다고 한다. 이는 전체 방사선에 대한 자연적인 노출 수준인 연간 2.4mSv의 약 40배에 이르는 것이고 Low LET radiation의 자연적인 노출 수준인 연간 1mSv에 대해서는 약 100배에 이르는 것이다. 일본 원폭 투하 생존자들의 경우 100mSv~4000mSv에 노출된 경우 자연적으로 방사선에 노출된 일반 인구 집단에 비해 초과 암 발생이 관찰되었다. 이 위원회는 낮은 수준의 방사선 노출과 백혈병의 발생의 위험을 추정하는 데 있어, Linear Quadratic model을 제안하고 있다. 연간 100mSv 이하의 노출자에 대한 암 발생의 위험도를 평가하는 것은 통계적인 한계 때문에 어렵다. 위원회는 생물학적 자료에 대한 검토 결과 위험도는 역치가 없는 낮은 수준의 노출에서도 Linear fashion으로 계속되며, 최소한의 용량이 인간의 발암 위험을 적은 수준으로 증가시킬 가능성이 있다고 결론지었다. 위원회는 0.1Gy까지의 방사선에 노출되었을 경우 백혈병의 기여 위험도는 백혈병 발생에 대하여 남성은 10만 명당 100(30, 300)명, 여성은 70(20, 250)명, 초과 사망은 노출된 사람 10만 명당 각각 70(20, 220)명, 50(10, 190)명으로 추정하고 있다.

이상에서 볼 때 박지연 씨의 백혈병은 낮은 수준의 전리 방사선 노출과 관련된 것으로 추정되며 이를 배제할 어떤 근거도 없어 그 업무 연관성을 인정해야 한다고 생각한다.

## 3. 온양사업장 TCE 취급자의 백혈병의 업무 연관성(김옥이)

김옥이 씨는 1992년부터 온양공장의 Trim/Form공정에서 1996년 1월 31일 퇴사할 때까지 트리클로로에틸렌(TCE)을 주성분으로 하는 세척제를 취급하였다. 김옥이 씨의 백혈병 발생과 관련이 있을 수 있는 유해인자는 먼저 트리클로로에틸렌을 들 수 있다. 국제암연구소(IARC)는 다양한 연구 결과를 바탕으로 1995년 트리클로로에틸렌을 림프종과 간암에 대해서 Group 2A로 분류하였다. 즉, 인간에서는 발암성에 대해서 제한된 증거가 있고 동물실험에서는 발암성에 대한 충분한 증거가 있다는 뜻이다. 인간을 대상으로 한 연구에서는 매사추세츠와 뉴저지의 트리클로로에틸렌 오염과 백혈병 간에 연관성이 발견된 바 있다. 최근의 작업장에서의 트리클로로에틸렌 노출과 백혈병의 관련성에 대한 메타 분석 결과는 그 위험도가 1.11(95% CI: 0.93~1.32; P value for heterogeneity = 0.50)이었다.

한편 트리클로로에틸렌은 그 제조 과정의 특성상 100%의 순도를 유지하기 어려운데, IPCS는 상업용 트리클로로에틸렌의 순도가 약 99.85%이며, 불순물에 벤젠이 포함되어 있을 수 있다고 보고하고 있다. 국내에서 상업용 트리클로로에틸렌의 순도 및 불순물에 관한 문헌을 찾아보기 힘드나 우리나라에서 사용 중인 시너(석유 화합 추출물의 혼합 용액으로 세척제로도 사용됨)를 108종 수거하여 분석한 결과 8개에서 벤젠이 0.1%~56.7%까지 검출되었으며, 전자산업에서 사용하는 시너 3종 중 1종에서 0.1%의 벤젠이 검출되었다고 보고하고 있다. 또 2008년에 국내에서 발표된 트리클로로에틸렌 중독에 관한 논문에서도 환자가 취급했던 트리클로로에틸렌의 순도는 99%라고 보고하고 있다. 또한 산재 다발 사업장인 한국타이어에서는 2001년까지 벤젠이 함유된 솔벤트를 사용했고, 이로 인한 산재 승인이 4건이 있었던 점으로 미루어볼 때, 1990년대 중반에 김옥이 씨가 취급했던 세척제에 벤젠이 들어 있을 가능성을 배제할 수 없다.

　한편 김옥이 씨의 유기용제에 대한 노출 수준은 어떠했는지에 대해서 알 수 있는 과거 기록이 남아 있지 않은 상황이며, 다만 작업자 및 제보자 진술을 토대로 작업환경을 유추해볼 수 있을 뿐이다. 김옥이 씨가 일할 당시인 1991년 1월에는 공장이 가건물 상태로 완공이 되지 않았고, 작업실은 성형, 도금, 인쇄공정 등 모든 공정이 구분 없이 트인 공간에서 이루어졌으며 각 공정에서 사용하는 화학약품 등의 냄새나 가스 등이 타 공정에서 작업하는 근로자에게도 노출이 되었으며, 도금 과정에서 프레임에 묻어 있던 유기용제를 에어를 분사하여 제거했기 때문에 약품이 흡입되었고 트위저를 사용하는 과정도 직접 손으로 만지면서 작업했기 때문에 피부에 접촉될 정도로 작업환경이 열악했다고 한다. 만약 트리클로로에틸렌에 10~20ppm 정도의 농도로 노출되었고, 벤젠의 함유량이 0.1%라고 가정한다면 연간 200일을 작업했을 때 벤젠의 연간 누적 노출량은 2~4ppm이 될 수 있는 상황이 된다(최근에 저농도 벤젠 노출과 백혈병과의 관련성에 대한 한 연구는 누적 노출량이 2ppm/year 이상에서도 백혈병의 발생이 증가하는 것으로 보고하였다).

　또한 김옥이 씨는 입사 초기에 수개월간 2조 2교대를 하였고 이후부터는 3조 3교대로 근무하였으며 그 이후에도 근무 시작 30분 전까지 출근하였으며 시간외 근무를 4시간씩 일상적으로 하는 정도로 과로를 했다고 진술해 면역력이 약화된 상태에서 유기용제에 노출되었다는 것을 알 수 있다.

　이상에서 볼 때 김옥이 씨의 백혈병은 4년 이상 상대적으로 높은 수준의 트리클로로에틸렌 및 그 안에 불순물로 함유되었을 벤젠에 의해 발병했을 가능성을 배제할 수 없다. 통상 작업자가 자신의 직업병 발생을 예측하고 관련 자료를 수집, 보관할 수 없다는 점을 생각할 때 사업주가 명백한 반증을 제시하지 못하는 한 업무 연관성을 인정하는 것이 산재보상보험제도의 취지에 부합한다고 생각한다.

삶창문고—노동 04

삼성이 버린 또 하나의 가족
**삼성반도체와 백혈병**

초판 1쇄 발행 | 2010년 1월 5일
초판 2쇄 발행 | 2010년 4월 22일

글쓴이 | 박일환 · 반올림

펴낸곳 | 도서출판 삶이 보이는 창
펴낸이 | 김영숙
편집 | 엄기수 임현숙 박지연 김기중

등록번호 | 제 18-48호
등록일자 | 1997년 12월 26일

주소 | (150-901) 서울시 영등포구 영등포동 2가 94-141 동아빌딩 402호
전화 | 02-848-3097
팩스 | 02-848-3094
홈페이지 | www.samchang.or.kr

ⓒ 박일환 · 반올림, 2010

값 7,000원

ISBN 978-89-90492-78-4  04300
       978-89-90492-65-4(세트)